Treffpunkt

Deutsch als Zweitsprache für Alltag und Beruf

Übungsbuch A1.1

Annette Buchholz
Julia Herzberger
Friederike Jin
Anne Planz
Martina Schäfer

 Dieses Buch als E-Book nutzen:
Use this book as an e-book:
mein.cornelsen.de
5rry-z5-hdr7

Herzlich willkommen bei *Treffpunkt*

Das Übungsbuch

Die **Übungsbuch-Kapitel** bieten viele abwechslungsreiche Übungen, in denen der relevante Wortschatz, wichtige Redemittel und Strukturen geübt und wiederholt sowie alle Sprachfertigkeiten trainiert werden.

Die Kapitel schließen jeweils mit einem Schreibtraning und einem Wiederholungstest zur Selbstevaluation ab. In der PagePlayer-App stehen den Lernenden weitere interaktive Übungen zur Verfügung.

Nach jeweils zwei Kapiteln folgen zwei Seiten **Wichtige Wörter** mit spielerischen Wortschatzübungen und zwei Seiten **Prüfungstraining** mit kleinschrittigen Aufgaben, hilfreichen Prüfungsstrategien und Modellaufgaben der Prüfungen *Goethe-Zertifikat A1: Start Deutsch 1* und *telc Deutsch A1 für Zuwanderer*.

Blick ins Buch

Sprachvergleichende Aufgaben

1.7 Wie sagt man das in Ihren Sprachen? Schreiben Sie. Vergleichen Sie.

	Vater von Vater	Vater von Mutter	Mutter von Vater	Mutter von Mutter
Deutsch	Großvater	Großvater	Großmutter	Großmutter
Ihre Sprache(n)				

Übungen im Prüfungsformat

3.1 **Prüfung: Hören.** Was ist richtig? Hören Sie. Kreuzen Sie an.

1. Was kostet die Fahrkarte?
   Sie kostet _____ .
   a ☐ 2,80 €
   b ☐ 2,90 €

3. Wie fahre ich zum Hauptbahnhof?
   Sie fahren mit der _____ .
   a ☐ S1
   b ☐ U1

Diktate

3.1 Diktat. Hören Sie. Schreiben Sie.

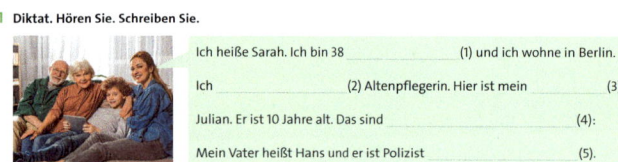

Ich heiße Sarah. Ich bin 38 _____ (1) und ich wohne in Berlin.
Ich _____ (2) Altenpflegerin. Hier ist mein _____ (3)
Julian. Er ist 10 Jahre alt. Das sind _____ (4):
Mein Vater heißt Hans und er ist Polizist _____ (5).

Rechtschreib- und Schreibtraining

1.2 Was passt: *ss* oder *ß*? Ergänzen Sie.

1. Darf man hier Fu____ball spielen?
2. Kannst du bitte die Tür schlie____en?
3. Möchtest du ein Glas Wa____er?

2 Das ist Adrian Nowak.
Wer ist das? Schreiben Sie.

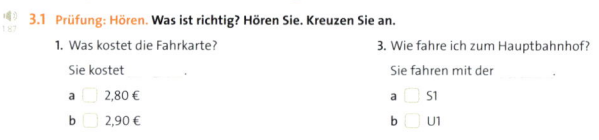

Adrian Nowak
Alter: 38 Jahre
Beruf: Friseur
Familienstand: verheiratet

Das ist Adrian Nowak. Er ist ...

Wiederholungsübungen (mit interaktiven Übungen)

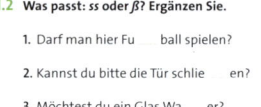 **Wiederholung:** Artikel im Nominativ. Was passt? Ergänzen Sie.

1. Das ist *ein* Laptop. _____ Laptop ist alt.
2. Das ist _____ Handy. _____ Handy ist klein.

Welcher Artikel ist richtig? Markieren Sie *der* blau, *das* grün und *die* orange.
Laptop

Wichtige Wörter mit spielerischen Wortschatzübungen

2.3 Arbeiten Sie zu viert. Wohin fahren Sie? Wie? Zeichnen Sie. Die anderen raten.
● Du fährst mit dem Auto zur Bank.
● Das ist kein Auto. Das ist ein Taxi!
● Du fährst mit dem Taxi zur Bank.

Wiederholungstests mit interaktiven Übungen

Alles klar?

1 Wortschatz
Welches Wort passt? Ergänzen Sie.
1. Ich fahre jeden Tag mit dem Auto zur Arbeit. Das dauert oft eine S_____ .
2. Ich fahre immer mit dem Fahrrad. Das ist gut für die U_____ .

1 Was passt? Ordnen Sie zu.
1. Ich fahre jeden Tag mit dem Aut____ zur Arbeit. Das dauert oft eine _____
2. Ich fahre immer mit dem F____ ____ gut für die _____

/5 Punkte

0–3 Punkte? Bitte noch üben! ⊙

Prüfungstraining mit Modellaufgaben

Und jetzt wie in der Prüfung! ....
Was ist richtig? Hören Sie. Kreuzen Sie an. Sie hören jeden Text zweimal.
1. Wie viel Käse kauft Mesut?

a ☐ Hundertfünfzig Gramm.   b ☐ Fünfzig Gramm.   c ☐ Fünfhundert Gramm.

Alle Symbole führen zu den Inhalten in der PagePlayer-App:

🔊 Hörtext

⊙ interaktive Übungen

Inhalt

1 Willkommen!	**Seite 4**
2 Berufe	**Seite 14**
1 Wichtige Wörter	Seite 24
Prüfungstraining	Seite 26
3 Orte und Dinge	**Seite 28**
4 Familie	**Seite 38**
2 Wichtige Wörter	Seite 48
Prüfungstraining	Seite 50
5 Alltag und Freizeit	**Seite 52**
6 Arbeitszeiten	**Seite 62**
3 Wichtige Wörter	Seite 72
Prüfungstraining	Seite 74
7 Essen	**Seite 76**
8 Eine Party	**Seite 86**
4 Wichtige Wörter	Seite 96
Prüfungstraining	Seite 98
9 Termine	**Seite 100**
10 Mit Bus und Bahn	**Seite 110**
5 Wichtige Wörter	Seite 120
Prüfungstraining	Seite 122
Hörtexte 124 • Lösungen 133	

1 Willkommen!

A Ich heiße Karim Hadid.

Guten Tag! _____ und _____

Herzlich willkommen! _____ woher _____

wie _____ kommen (aus) _____

heißen _____

Sie _____ Wie heißen Sie?

ich _____ Ich heiße …

sein: Ich bin … _____ Ich bin …

Herr _____ Woher kommen Sie?

Frau _____ Ich komme aus Deutschland / aus …

1 Wie heißen Sie?

Ergänzen Sie.

💬 Guten T_____ . Ich h_____ Simone Berger. Und S_____ ?

💬 I____ h_____ Hanad Farah.

2 Woher kommen Sie?

2.1 Was passt? Verbinden Sie.

1. Wie heißen — a aus Deutschland.
2. Ich — b kommen Sie?
3. Woher — c heiße Henri Bode.
4. Ich komme — d Sie?

2.2 Markieren Sie. Schreiben Sie wie im Beispiel.

GutenTag|WieheißenSie|IchbinKarimWoherkommenSieIchkommeausdemIrak

💬 *Guten Tag. Wie heißen Sie?*

💬 _____

💬 _____

💬 _____

2.3 Was passt? Ordnen Sie zu.

Aus • Guten • heißen • Ich • komme • willkommen • Woher

💬 Herzlich _____ (1). Ich bin Yuna Kansanoh. Wie _____ (2) Sie?

💬 _____ (3) Tag. _____ (4) heiße Meja Omondi.

💬 _____ (5) kommen Sie, Herr Omondi?

💬 Ich _____ (6) aus Kenia. Und Sie, Frau Kansanoh?

💬 _____ (7) Thailand.

2.4 Lesen Sie die Antworten. Schreiben Sie Fragen.

_____

_____

Ich heiße Sofie Hofmann.

Ich komme aus Deutschland.

2.5 Woher kommen die Personen? Hören Sie. Kreuzen Sie an.

1. Ich bin Milena Ampi.
Ich komme …
☐ aus Griechenland.
☐ aus Deutschland.
☐ aus Bulgarien.

Milena Ampi

2. Ich bin Dilan Sayar.
Ich komme …
☐ aus Syrien.
☐ aus dem Irak.
☐ aus der Türkei.

Dilan Sayar

2.6 Was sagen Milena Ampi und Dilan Sayar? Schreiben Sie.

💬 *Guten Tag! Ich bin Milena Ampi. Wie heißen Sie?*

💬 _____

💬 *Woher* _____

💬 _____

💬 *Ich komme* _____

2.7 Hören Sie noch einmal. Kontrollieren Sie.

3 Guten Tag!

Schreiben Sie Antworten. Sprechen Sie zu zweit. Tauschen Sie dann die Rollen.

💬 Wie heißen Sie?

💬 _____

💬 Woher kommen Sie?

💬 _____

B Ich spreche ein bisschen Deutsch.

die Sprache _____

sprechen _____

du _____

ein bisschen _____

deutsch: Ich spreche Deutsch. _____

Hallo! _____

der Name _____

neu: Ich bin neu hier. _____

hier _____

das Land _____

schreiben _____

buchstabieren _____

danke _____

bitte _____

ja _____

nein _____

richtig _____

interessant _____

Welche Sprachen sprechen Sie? _____

Ich spreche … und ein bisschen Deutsch. _____

Mein Name ist … _____

Wie bitte? Wie schreibt man das? _____

Ich buchstabiere: … _____

1 Welche Sprachen sprechen Sie?

1.1 Welche Sprachen sprechen die Personen? Hören Sie. Kreuzen Sie an.

1. ☐ Deutsch
   ☐ ein bisschen Englisch
   ☐ ein bisschen Französisch

Timo

2. ☐ Arabisch
   ☐ Englisch
   ☐ ein bisschen Deutsch

Enisa

3. ☐ Farsi
   ☐ Arabisch
   ☐ ein bisschen Deutsch

Nava

4. ☐ Deutsch
   ☐ Türkisch
   ☐ Englisch

Adar

1.2 Was sagen die Personen? Schreiben Sie.

1. *Ich bin Timo. Ich spreche* _____

2. _____

3. _____

4. _____

2 Woher kommst du, Eleni?

2.1 Welches Foto passt? Lesen Sie. Ordnen Sie zu.

1. ☐ 💬 Hallo! Ich bin Eleni!
   💬 Hi, ich heiße Paolo!

2. ☐ 💬 Guten Tag, ich bin Herr Fromm.
   💬 Guten Tag! Ich heiße Dorota Bator.

2.2 Was passt: *Sie* oder *du*? Ergänzen Sie.

1. 💬 Woher kommst _____, Eleni?
   💬 Ich komme aus Griechenland. Und _____?
   💬 Ich komme aus Luxemburg.
   💬 Interessant! Welche Sprachen sprichst _____?
   💬 Ich spreche Deutsch und Luxemburgisch.

2. 💬 Woher kommen _____, Frau Bator?
   💬 Ich komme aus Polen.
   💬 Und welche Sprachen sprechen _____?
   💬 Ich spreche Polnisch und Deutsch.
   💬 Interessant!

2.3 Was passt? Verbinden Sie.

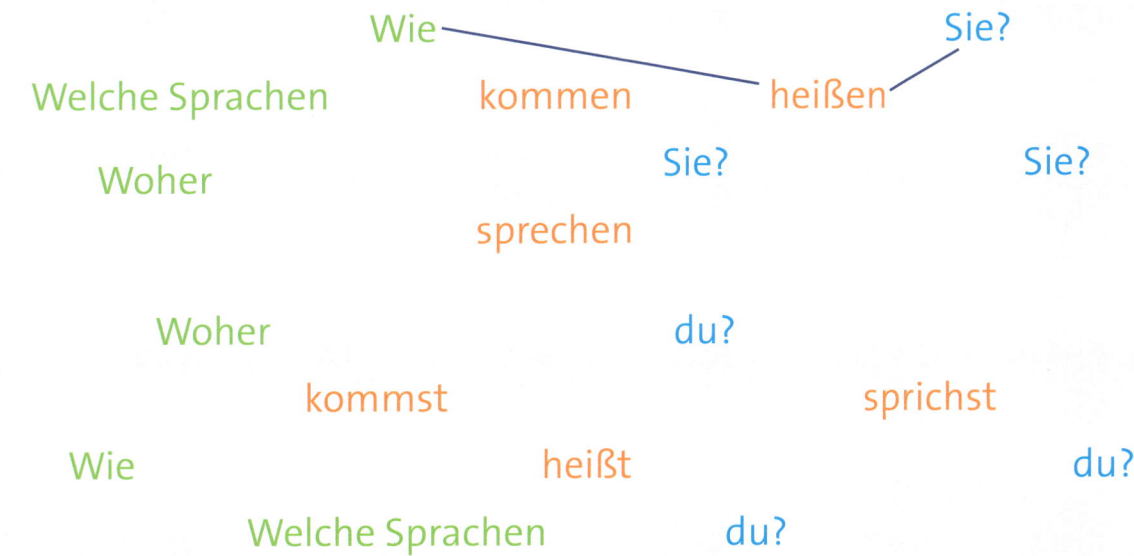

2.4 Schreiben Sie die Fragen aus 2.3.

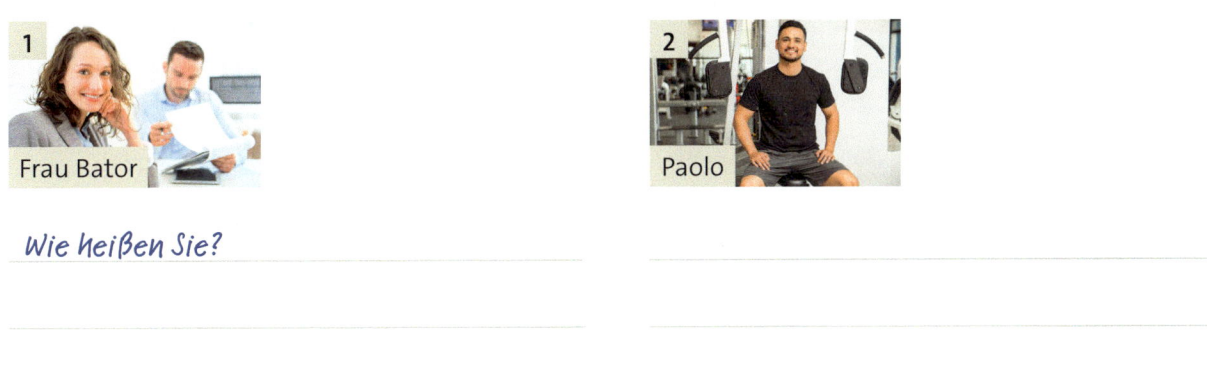

Frau Bator — *Wie heißen Sie?*

Paolo

2.5 Was passt? Ergänzen Sie die Fragen aus 2.4.

1. 💬 Hallo! Ich bin neu hier. Ich heiße Napat.
   💬 _____
   💬 Ich bin Vera. _____
   💬 Aus Thailand.
   💬 _____
   💬 Ich spreche Thai und ein bisschen Deutsch.

2. 💬 Guten Tag! _____
   💬 Ich heiße Faheem El-Maak.
   💬 Herr El-Maak, _____
   💬 Ich komme aus dem Sudan.
   💬 _____
   💬 Arabisch und Deutsch.

2.6 Lesen Sie noch einmal in 2.5. Ergänzen Sie.

	kommen	heißen	sprechen	sein
ich	komm____	heiß____	sprech____	____
du	komm____	heiß____	sprich____	bist
Sie	komm____	heiß____	sprech____	sind

2.7 Ergänzen Sie.

1. 💬 Wie _____ du? 💬 Ich _____ Abdul Saeed. *(heißen, sein)*
2. 💬 Woher _____ du? 💬 Ich _____ aus dem Jemen. *(kommen)*
3. 💬 Welche Sprachen _____ du? 💬 Ich _____ Deutsch und Arabisch. *(sprechen)*
4. 💬 Wie _____ Sie? 💬 Ich _____ Elisabeth Marx. *(heißen)*
5. 💬 Woher _____ Sie? 💬 Ich _____ aus Deutschland. *(kommen)*
6. 💬 Welche Sprachen _____ Sie? 💬 Ich _____ Englisch und Deutsch. *(sprechen)*

2.8 Wählen Sie *Sie* oder *du*. Schreiben Sie einen Dialog.

Name: Erik Scholz
Land: Deutschland
Sprachen: Deutsch, Englisch, Spanisch

Name: Nanda Kadek
Land: Indonesien
Sprachen: Indonesisch, ein bisschen Deutsch

+ Hallo! Mein Name ist Erik Scholz. Wie heißt du?
– Ich ...

3 Ich buchstabiere.

3.1 Welche Buchstaben hören Sie nicht? Hören Sie. Markieren Sie.

A	B	Ⓒ	D	E	F	G	H	I	J	K	L	M
N	O	P	Q	R	S	T	U	V	W	X	Y	Z
Ä	Ö	Ü	ß

3.2 Wie heißen die Personen? Hören Sie. Schreiben Sie.

1. _____ _____

2. _____ _____

3. _____ _____

3.3 Wie heißen die Personen? Hören Sie. Ergänzen Sie ä, ö, ü oder ß.

1. Anna M___ller   2. Peter J___ger   3. Frida Wei___   4. Thomas G___tz

3.4 Was passt? Ordnen Sie zu.

Wie bitte • Danke • Ich buchstabiere • Wie schreibt man das

💬 Wie heißt du?

💬 Mein Name ist Farahnaz Daghestani.

💬 _____? (1) _____? (2)

💬 _____ (3): F-A-R-A-H-N-A-Z und D-A-G-H-E-S-T-A-N-I.

💬 _____ ! (4)

4 Wie heißt du?

4.1 Hören Sie. Ergänzen Sie.

Name: _____
Land: _____
Sprachen: _____

4.2 Phonetik: W-Fragen. Hören Sie. Sprechen Sie nach.

Wie heißt du? – Wie heißen Sie?

4.3 Hören Sie. Markieren Sie wie in 4.2.

Welche Sprachen sprichst du? – Welche Sprachen sprechen Sie?

4.4 Hören Sie noch einmal. Sprechen Sie nach.

1

4.5 **Prüfung: Sprechen.** Fragen Sie und antworten Sie.

Name? 💬 Wie heißt du?
Land? 💬 Ich heiße …
Sprachen?

C Guten Tag!

Guten Morgen! _____
Guten Tag! _____
Guten Abend! _____
Gute Nacht! _____
Auf Wiedersehen! _____
Bis bald! _____
Tschüs! _____
Wie geht es dir? _____
gut _____

sehr: sehr gut _____
nicht: nicht so gut _____
schlecht _____
sagen: Sagen wir *du*? _____

Wie geht es Ihnen?
Wie geht es dir?
Danke, super / (sehr) gut.
Na ja, es geht. / Nicht so gut. / Schlecht.

1 Guten Tag! Auf Wiedersehen!

1.1 Welche Grüße sind hier? Markieren Sie. Ordnen Sie zu.

GutenTagTschüsHiBisbaldAufWiedersehenHallo

1.2 Was passt? Ordnen Sie zu.

Guten Abend! • Guten Tag! • Guten Morgen! • Gute Nacht!

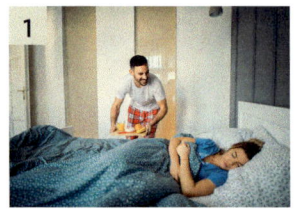

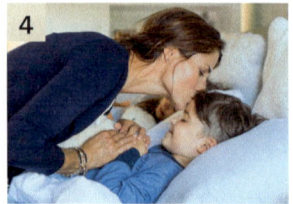

2 Wie geht es?

2.1 Was passt? Ordnen Sie zu.

es geht • gut • nicht so gut • schlecht • sehr gut • super

_____ _____ _____ _____ _____ _____

2.2 Welches Foto passt? Hören Sie. Ordnen Sie zu.

2.3 Was passt? Ordnen Sie zu.

Und dir? • ~~Wie geht es Ihnen?~~ • Und Ihnen? • Wie geht es dir?

1. 🔵 Hallo, Frau Pluta. _Wie geht es Ihnen?_
   🟢 Sehr gut, danke. _____
   🔵 Danke, super!

2. 🔵 Hi Elif! _____
   🟢 Gut. _____
   🔵 Na ja, es geht.

3 Wie …? Woher …?

3.1 Was passt? Ordnen Sie zu.

Welche Sprachen • Wie • Woher • Wie

1. _____ heißen Sie?
2. _____ kommen Sie?
3. _____ sprechen Sie?
4. _____ geht es Ihnen?

3.2 Ergänzen Sie die Fragen aus 3.1.

	Position 2	
1. Wie	heißen	Sie?
2.		
3.		
4.		

3.3 Schreiben Sie Antworten. Stehen die Verben auf Position 2? Kontrollieren Sie.

Ich heiße …

3.4 Diktat. Hören Sie. Schreiben Sie. Sie hören den Dialog zweimal.

🔵 Guten Tag! _____ (1) Dimitri Antoniou. _____ (2) aus Griechenland. _____ _____ (3) Griechisch, Deutsch und ein bisschen Englisch. _____ (4) Frau Maier? Und _____ (5) aus Deutschland?

🟢 Ja, richtig! _____ (6) Rebecca Maier und _____ _____ (7) aus Berlin.

Richtig schreiben

1 Ich bin Thana Karman.

1.1 Was passt: Fragezeichen (?) oder Punkt (.)? Ergänzen Sie.

🔵 Guten Tag ___ (1) Ich bin Thana Karman ___ (2) Wie heißen Sie ___ (3)

🟢 Ich heiße Milena Tichkova ___ (4) Ich komme aus Bulgarien ___ (5) Und Sie ___ (6)

🔵 Ich komme aus dem Jemen ___ (7) Welche Sprachen sprechen Sie, Frau Tichkova ___ (8)

🟢 Ich spreche Bulgarisch und ein bisschen Deutsch ___ (9) Und Sie ___ (10)

🔵 Ich spreche Arabisch, ein bisschen Englisch und ein bisschen Deutsch ___ (11)

1.2 Was schreibt man groß? Markieren Sie. Schreiben Sie.

hallo! ich heiße sara mukhtar. ich komme aus dem irak. ich spreche arabisch und deutsch.

Hallo! Ich _____

_____

_____

2 Das bin ich!

2.1 Und Sie? Ergänzen Sie.

Name: _____

Land: _____

Sprachen: _____

2.2 Schreiben Sie Sätze zu Ihrer Person.

_____

_____

Alles klar?

1 Wortschatz

Was passt? Ergänzen Sie. (5 Punkte)

- 💬 Ich _____ (1) Jim Mutu. Ich bin neu hier.
- 💬 Willkommen! _____ (2) kommen Sie, Herr Mutu?
- 💬 Ich _____ (3) aus Kenia.
- 💬 Welche _____ (4) sprechen Sie?
- 💬 Ich _____ (5) Swahili und ein bisschen Deutsch.   ___/5 Punkte

0–3 Punkte? Bitte noch üben! ⦿

2 Grammatik

Ergänzen Sie. (5 Punkte)

1. Wie _____ du? *(heißen)*
2. Sie _____ Herr El-Maak. Richtig? *(sein)*
3. Welche Sprachen _____ du? *(sprechen)*
4. Frau Haucke, woher _____ Sie? *(kommen)*
5. Ich _____ Bulgarisch und Deutsch. *(sprechen)*   ___/5 Punkte

0–3 Punkte? Bitte noch üben! ⦿

3 Kommunikation

3.1 Was passt? Lesen Sie. Ergänzen Sie. (6 Punkte)

- 💬 Guten Tag. Ich bin Alexander Wolf. _____ (1)
- 💬 _____ (2) Rasha Kessjan. Ich komme aus Syrien. _____ (3)
- 💬 _____ (4) aus Deutschland. _____ (5)
- 💬 _____ (6) Arabisch, Englisch und ein bisschen Deutsch. Und Sie?
- 💬 Deutsch und Englisch.

3.2 Lesen Sie noch einmal in 3.1. Ergänzen Sie. (4 Punkte)

Name: Rasha Kessjan
Land: _____
Sprachen: _____
_____

Name: Alexander Wolf
Land: _____
Sprachen: _____
_____

___/10 Punkte

0–6 Punkte? Bitte noch üben! ⦿

2 Berufe

A Ich bin Koch.

der Altenpfleger, die Altenpflegerin

der Arzt, die Ärztin

der Friseur, die Friseurin

der Hausmann, die Hausfrau

der Ingenieur, die Ingenieurin

der Koch, die Köchin

der Lehrer, die Lehrerin

der Mechatroniker, die Mechatronikerin

der Polizist, die Polizistin

der Sänger, die Sängerin

der Taxifahrer, die Taxifahrerin

der Verkäufer, die Verkäuferin

arbeiten (als)

der Beruf: von Beruf sein

was

beruflich

machen: beruflich machen

jetzt

falsch

aber

auch

das Auto

das Heimatland

in: in Deutschland

der Kurs

lernen

nicht

reparieren

studieren

der Mann, die Frau

der Busfahrer, die Busfahrerin

der Kellner, die Kellnerin

Was bist du von Beruf?

Was machst du beruflich?

Ich bin … von Beruf. / Ich arbeite als … bei …

Ich arbeite jetzt nicht. / Ich lerne Deutsch.

Stimmt! Richtig! / Leider falsch!

1 Was bist du von Beruf?

1.1 Welche Berufe sind hier? Markieren Sie. Schreiben Sie.

ALTENPFLEGERKELLNERINPOLIZISTINKOCHVERKÄUFERINTAXIFAHRERLEHRERIN

1.2 Welche Berufe aus 1.1 passen? Ergänzen Sie.

2 Ich arbeite als Taxifahrerin.

2.1 Richtig oder falsch? Hören Sie. Kreuzen Sie an.

Kasia
1. Ich komme aus Griechenland.
2. Ich bin Lehrerin von Beruf.
3. Ich arbeite in Deutschland als Verkäuferin.

Ahmed
4. Ich komme aus Basra, aus dem Irak.
5. Ich bin Kellner von Beruf.
6. Ich arbeite jetzt nicht.

richtig   falsch

2.2 Mann oder Frau? Verbinden Sie.

Friseurin
Verkäufer
Polizistin
Altenpfleger
Lehrer
Mechatronikerin
Busfahrerin
Arzt

2.3 Wie heißen die Berufe in Ihren Sprachen? Wählen Sie vier Berufe aus 2.2. Ergänzen Sie.

Deutsch		Ihre Sprache(n)	
Mann: Friseur	Frau: Friseurin		

2.4 Was passt? Verbinden Sie.

1. Ich arbeite jetzt   a Siemens.
2. Ich bin Koch   b nicht.
3. Ich lerne   c Friseur.
4. Ich arbeite als   d von Beruf.
5. Ich arbeite bei   e Deutsch.

2

2.5 Was passt? Ordnen Sie zu.

arbeite • bin • bist • lerne • machst • studiere

💬 Was _____ (1) du von Beruf?

💬 Ich _____ (2) als Altenpfleger. Was _____ (3) du beruflich?

💬 Ich _____ (4) Friseurin. Aber ich arbeite jetzt nicht. Ich _____ (5) Deutsch. Und du?

💬 Ich bin Lehrerin von Beruf. Aber ich _____ (6) jetzt.

2.6 Prüfung: Sprachbausteine. Was ist richtig? Lesen Sie. Kreuzen Sie an.

Hallo! Ich heiße Neslihan Yilmaz und ich komme __(1)__ der Türkei.

Ich bin Altenpflegerin __(2)__ Beruf, aber ich arbeite __(3)__ Verkäuferin.

Ich wohne jetzt __(4)__ der Schweiz.

1. a ☐ in   2. a ☐ von   3. a ☐ in   4. a ☐ in
   b ☐ aus   b ☐ bei   b ☐ als   b ☐ aus

2.7 Arbeiten Sie zu zweit. Wählen Sie eine Rolle (A oder B). Fragen Sie und antworten Sie.

A
Name: Anvar Mertens
Land: Armenien
Sprachen: Armenisch, Deutsch
Beruf: Mechatroniker
in Deutschland: Verkäufer

B
Name: Paige Koropicz
Land: Polen
Sprachen: Polnisch, Deutsch
Beruf: Kellnerin
in Deutschland: Friseurin

💬 Wie heißt du?   💬 Ich heiße Paige Koropicz.

B Wer ist das?

bekannt _____   das Lied _____

das Buch _____   singen: Lieder singen _____

er _____   der Sport: Sport machen _____

der Film: Filme machen _____

schon lange _____   trainieren _____

sie _____   tanzen _____

sie (Pl.) _____   der Tee _____

wo _____   trinken _____

wohnen (in) _____   wer: Wer ist das? _____

2

1 Er kommt aus ...

Wiederholung: Verben. Ergänzen Sie.

	heißen	arbeiten	sprechen	sein
ich	heiße			
du				
Sie				

1.1 Was ist richtig? Hören Sie. Kreuzen Sie an.

1. Ajak kommt aus ☐ der Türkei. ☐ dem Sudan.
   Er wohnt ☐ in Deutschland. ☐ in Österreich.
2. Miray kommt aus ☐ der Türkei. ☐ dem Iran.
   Sie ist ☐ Ingenieurin. ☐ Regisseurin.
3. Ajak und Miray wohnen ☐ in Bonn. ☐ in Köln.
   Sie ☐ machen Filme. ☐ schreiben Bücher.
4. Ajak arbeitet ☐ in Bonn. ☐ in Berlin.
   Er spricht ☐ Polnisch. ☐ Arabisch.
5. Miray und Ajak sprechen ☐ Französisch. ☐ Englisch.
   Sie ☐ lernen Deutsch. ☐ lernen Englisch.

1.2 Markieren Sie die Verben in 1.1. Ergänzen Sie.

	wohnen	arbeiten	sprechen	schreiben	sein
er/sie				schreibt	
sie (Pl.)		arbeiten			sind

1.3 Ergänzen Sie.

1. 💬 Wie heiß **en** Sie? 💬 Ich heiß____ Jakob.
2. 💬 Was mach____ Frau Dosca beruflich? 💬 Sie arbeit____ als Polizistin.
3. 💬 Woher komm____ du, Karim? 💬 Ich komm____ aus dem Irak.
4. 💬 Wo wohn____ Eca und Tim? 💬 Eca wohn____ in Gießen und Tim wohn____ in München.

1.4 Ergänzen Sie *sein*.

💬 Hallo, ich heiße Hajib. Ich _____ (1) neu im Kurs. Wer _____ (2) du?

💬 Hallo! Ich _____ (3) Aliya.

💬 Hallo, Aliya! Wer _____ (4) das?

💬 Das _____ (5) Frau Artois. Sie _____ (6) Lehrerin. Und das _____ (7) Hamid und Myriam.

1.5 Ergänzen Sie.

1. Jenny _____ in Berlin, aber sie _____ in Potsdam. (*wohnen, arbeiten*)

2. Hakim _____ Arabisch. Er _____ jetzt auch Deutsch. (*sprechen, lernen*)

3. Herr und Frau Ivanov _____ aus Bulgarien, aber sie _____ jetzt in Köln. (*kommen, wohnen*)

4. Kolja _____ Taxifahrer von Beruf. Lara _____ als Verkäuferin. (*sein, arbeiten*)

5. Kolja und Lara _____ schon lange in Deutschland. (*arbeiten*)

1.6 Welche Frage passt? Ordnen Sie zu.

Was machen Sie beruflich? • Welche Sprachen sprechen Sie? • Wie heißen Sie? • Woher kommen Sie? • Wo wohnen Sie jetzt?

Guten Tag! _____ (1)
Ich heiße Nawin Pham.

_____ (2)
Ich komme aus Phuket. Das ist in Thailand.

_____ (3)
Ich wohne schon lange in Deutschland. Ich wohne jetzt in Kassel.

_____ (4)
Ich bin Ingenieur von Beruf. Aber in Deutschland arbeite ich als Autor.

Interessant! _____ (5)
Thai, Vietnamesisch, Französisch und auch ein bisschen Deutsch.

1.7 Wer ist das? Schreiben Sie.

Das ist Nawin Pham. Er kommt aus …

2 Was machen die Personen?

2.1 Was sind die Personen von Beruf? Was machen sie? Schreiben Sie.

~~Autorin~~ • Regisseur • Mechatronikerin • Basketballer • Sänger

Autos reparieren • ~~Bücher schreiben~~ • Filme machen • Lieder singen • Sport machen

1 Yagmur 2 Jim 3 Charlie 4 Bruno 5 Maik

1. Das ist Yagmur. Sie ist Autorin. Sie schreibt Bücher.

2.2 Diktat. Hören Sie. Schreiben Sie. Sie hören den Text zweimal.

Das _____ (1) Irina und Ahmadi. Irina _____ (2) aus Rumänien und

Ahmadi _____ (3) aus Afghanistan. Sie _____ (4) schon lange in Stuttgart.

Ahmadi _____ (5) Dari und Russisch. Irina _____ (6) Rumänisch. Irina und

Ahmadi _____ (7) Deutsch. Irina _____ (8) Altenpflegerin von Beruf, aber

sie _____ (9) als Friseurin. Ahmadi _____ (10) nicht. Er _____ (11).

3 Das ist …

Wer ist das? Hören Sie. Ergänzen Sie.

Name: *Lina* 　　　　　　　　　　　Beruf: _____

Wohnort: *Bonn,* 　　　　　　　　Was macht sie? _____

Sprachen: *Bulgarisch,*

C Wir brauchen Hilfe.

Entschuldigung! _____	die E-Mail-Adresse _____
die Hilfe: Hilfe brauchen _____	**die** E-Mail _____
bedeuten _____	**die** Arbeit _____
das Problem _____	ihr _____
verstehen _____	wir _____
helfen _____	mein(e): Das ist mein Vorname. _____
gern / gerne _____	dein(e): Wie ist dein Vorname? _____
das Formular _____	
der Vorname _____	Wo wohnst du?
der Nachname _____	Ich wohne in … / in der …straße.
die Adresse _____	Wie ist dein Nachname / deine Adresse / … ?
die Straße _____	Mein Nachname / Meine Adresse ist …
die Hausnummer _____	Entschuldigung, ich brauche Hilfe.
der Ort _____	Ja? Was ist das Problem?
die Postleitzahl (PLZ) _____	Ich verstehe das nicht. – … bedeutet: …
die Telefonnummer _____	Ah, danke. – Bitte, ich helfe gerne.

2

1 Wie ist deine Telefonnummer?

1.1 Welche Zahl passt? Ergänzen Sie.

1. eins – _____ – drei – _____ – fünf – _____

2. _null_ – zwei – _____ – sechs – _____ – zehn

3. zehn – _____ – acht – _____ – sechs – _____

 1.2 Wie ist die Telefonnummer? Hören Sie. Schreiben Sie.

Bart: 0162_____   Amy: _____   Murat: _____

2 Wie viel ist das?

Wie heißen die Zahlen? Ergänzen Sie.

10	11	12	13	14	15
zehn					
16	17	18	19	20	

3 Wir verstehen das nicht.

Was passt? Ordnen Sie zu.

bedeutet • brauche • heißen • helfe • ist • verstehe

💬 Entschuldigung, ich _____ (1) Hilfe.

💬 Ja? Was _____ (2) das Problem?

💬 Nachname – ich _____ (3) das nicht.

💬 Nachname _____ (4): Wie _____ (5) Sie?

💬 Ah, danke.

💬 Bitte, ich _____ (6) gern.

4 Wir wohnen in der Siemensstraße.

4.1 Wie heißen die Wörter? Schreiben Sie.

1. Vor_name_   5. Haus_____
2. Nach_____ 6. Post_____
3. A_____   7. Te_____
4. Stra_____ 8. Be_____

le • ~~me~~ • ~~na~~ • mer • ruf • me • num • fon • num • ße • dres • zahl • na • mer • leit • se

20 zwanzig

4.2 Phonetik: Wortakzent. Hören Sie die Wörter in 4.1. Markieren Sie den Wortakzent.

4.3 Hören Sie noch einmal. Sprechen Sie nach.

4.4 Schreiben Sie Antworten. Sprechen Sie zu zweit. Tauschen Sie dann die Rollen.

💬 Wie ist dein Name?

💬 Mein Vorname ist _____. Mein Nachname ist _____

💬 Wie ist deine Adresse?

💬 Meine Adresse ist: _____

💬 Wie ist deine Telefonnummer?

💬 Meine Telefonnummer ist: _____

💬 Was bist du von Beruf?

💬 Ich arbeite _____

4.5 Was passt: *mein, meine* oder *dein, deine*? Ergänzen Sie.

1. 💬 Lea, _____ Nachname ist Oliveira. Richtig? 💬 Ja, _____ Nachname ist Oliveira.
2. 💬 Pepe, wie ist _____ E-Mail-Adresse? 💬 _____ E-Mail-Adresse ist: pepe@...
3. 💬 Kader, wie ist _____ Hausnummer? 💬 _____ Hausnummer ist 21.
4. 💬 Erik, wie ist _____ Postleitzahl? 💬 _____ Postleitzahl ist 12049.

4.6 Richtig oder falsch? Lesen Sie. Kreuzen Sie an.

Hagen Vodnanski
Altenpfleger

Heilbronner Str. 14, 34214 Hamburg
040 3251 9967
vodnanski@example.org
eterna-example.org

	richtig	falsch
1. Der Vorname ist Hagen.	☐	☐
2. Hagen ist Arzt von Beruf.	☐	☐
3. Er wohnt in Heilbronn.	☐	☐
4. Die Telefonnummer ist 34124.	☐	☐

5 Woher kommt ihr?

5.1 Was passt? Ordnen Sie zu.   du • ihr • ich • sie • Sie • wir • ich

1. 💬 Woher kommst _____ ? 💬 _____ komme aus Syrien.
2. 💬 Woher kommt ihr? 💬 _____ kommen aus Deutschland.
3. 💬 Woher kommen _____ ? 💬 May kommt aus dem Iran und Ana kommt aus Bulgarien.
4. 💬 Wo wohnt _____ ? 💬 Wir wohnen in Hamburg.
5. 💬 Frau Ferrante, woher kommen _____ ? 💬 _____ komme aus Italien.

5.2 Ergänzen Sie.

🔵 Hallo, ich _____ (1) Tuyen. Wie _____ (2) ihr? *(heißen)*

🟢 Hi! Ich _____ (3) Zola und das _____ (4) Jabari. *(sein)*

   Wir _____ (5) neu im Kurs. *(sein)*

🔵 Herzlich willkommen! Woher _____ (6) ihr? *(kommen)*

🟢 Wir _____ (7) aus Kenia. *(kommen)*

🔵 Ah, interessant! Welche Sprachen _____ (8) ihr? *(sprechen)*

🟢 Wir _____ (9) Swahili, Englisch und ein bisschen Deutsch. Jabari _____ (10) auch Arabisch. *(sprechen)*

🔵 Und wo _____ (11) ihr? *(arbeiten)*

🟢 Wir _____ (12) bei *MioMio*. *(arbeiten)*

Richtig schreiben

1 Das ist Rachel Pines.

Was schreibt man groß? Markieren Sie. Schreiben Sie.

<u>d</u>as <u>i</u>st <u>r</u>achel <u>p</u>ines. sie kommt aus toronto. das ist in kanada. sie wohnt aber schon lange in berlin. sie spricht englisch, französisch und deutsch. sie arbeitet jetzt nicht. sie studiert.

Das ist Rachel Pines.

2 Das ist Asante Okafor.

Wer ist das? Schreiben Sie.

Asante Okafor

Heimatland:	Kenia
Adresse:	Talstraße 19, 53113 Bonn
Sprachen:	Swahili, Englisch, Deutsch
Beruf:	Altenpfleger (in Kenia), jetzt Kellner
Was machst du?	Sport, tanzen

Das ist Asante Okafor. Er kommt aus …

Alles klar?

1 Wortschatz

1.1 Welche fünf Berufe sind hier? Markieren Sie. Schreiben Sie. (2,5 Punkte)

ADUKÖCHINVWUPOLIZISTINDHKARZTTDFTAXIFAHRERVGSALTENPFLEGERININFK

_____

1.2 Was passt? Ordnen Sie zu. (2,5 Punkte)

Formular • Problem • Nachname • Hilfe • Beruf

1. 🔵 Entschuldigung, ich brauche _____. 🟢 Ja? Was ist das _____?

2. 🔵 Das _____. Ich verstehe das nicht. 🟢 Ich helfe gerne.

3. 🔵 Ismael, wie ist dein _____? 🟢 Serrano. Ich heiße Ismael Serrano.

4. 🔵 Was bist du von _____? 🟢 Ich bin Busfahrer.

___ /5 Punkte

0–3 Punkte? Bitte noch üben! ⦿

2 Grammatik

Ergänzen Sie. (5 Punkte)

1. 🔵 Ich _____ Layla. 🟢 Hallo, Layla. Wie _____ dein Nachname? *(sein)*

2. 🔵 Was _____ du beruflich? 🟢 Ich _____ als Kellnerin. *(machen, arbeiten)*

3. 🔵 Entschuldigung, ich _____ das nicht. 🟢 Ich _____ gern. *(verstehen, helfen)*

4. 🔵 Wir _____ in Berlin. Und du? 🟢 Ich _____ auch in Berlin! *(wohnen)*

5. 🔵 Woher _____ ihr? 🟢 Sami und ich _____ aus Eritrea. *(kommen)*

___ /5 Punkte

0–3 Punkte? Bitte noch üben! ⦿

3 Kommunikation

Lesen Sie die Antworten. Schreiben Sie Fragen. (10 Punkte)

_____ (1)

Ich bin Elery Le und das ist Sam Cook.

_____ (2)

Wir kommen aus England. Ich komme aus London, Sam kommt aus Bristol.

_____ (3)

Wir wohnen in Berlin.

_____ (4)

Wir sprechen Englisch und Deutsch. Ich spreche auch ein bisschen Arabisch.

_____ (5)

Sam ist Mechatroniker. Ich bin Ärztin.

___ /10 Punkte

0–6 Punkte? Bitte noch üben! ⦿

Wichtige Wörter

Hallo! Ich bin Hermann Engl.

Ich bin _____ von Beruf.

1

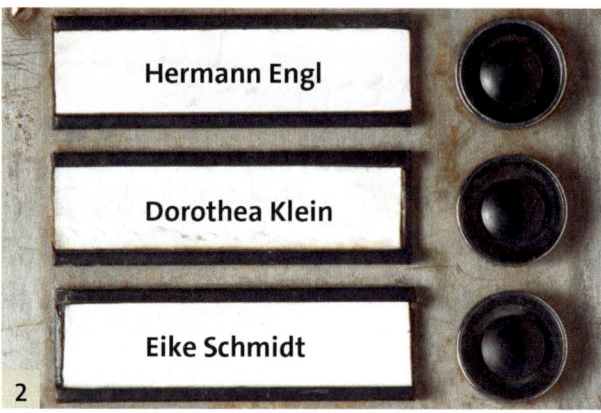

2

3

der *Name* _____   die _____

1 Ich bin ... von Beruf.

1.1 Was ist Hermann Engl von Beruf? Schreiben Sie.

1.2 Welche Informationen sind auf den Fotos 2 bis 9? Schreiben Sie.

1.3 Ergänzen Sie.

Name: *Hermann Engl*   Telefonnummer: _____

Adresse: _____   E-Mail-Adresse: _____

60311 _____

4

die _____

5

die _____

6

die _____

7

der _____

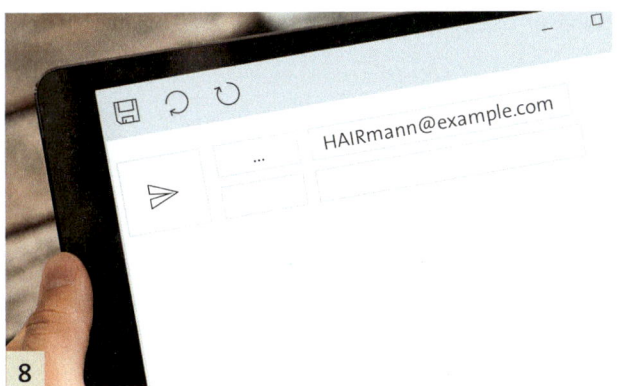

8

die _____

9

die _____

2 Eine Visitenkarte

2.1 Welche Informationen sind auf der Visitenkarte von Frau Dr. Khalil? Hören Sie. Ergänzen Sie.

2.2 Fragen Sie und antworten Sie wie im Beispiel.

💬 Wie ist die Adresse von Frau Dr. Khalil?

💬 Die Adresse ist …

 Dr. Sarah Khalil

 _____

_____

 _____

Prüfungstraining

1 Sprechen Teil 1 (Start A1) / Sprechen Teil A (telc A1)

1.1 Was passt? Verbinden Sie.

1. Name
2. Land
3. Wohnort
4. Sprachen
5. Beruf

a Ich spreche ... Ich lerne jetzt Deutsch.
b Ich bin ... von Beruf. / Ich arbeite als ... bei ...
c Ich heiße ... / Mein Name ist ...
d Ich komme aus ...
e Ich wohne jetzt / schon lange in ...

1.2 Und Sie? Schreiben Sie Sätze.

1. Name:
2. Land:
3. Wohnort:
4. Sprachen:
5. Beruf:

1.3 Sprechen Sie die Sätze aus 1.2. Nehmen Sie sie mit dem Smartphone auf.

1.4 Was ist gut? Was ist noch nicht so gut? Hören Sie. Kontrollieren Sie.

1.5 Fragen Sie und antworten Sie wie im Beispiel.

💬 Wie heißen Sie?   💬 Ich heiße ...

1.6 Bereit? Lesen Sie die Tipps.
Machen Sie die Prüfungsaufgabe.

Lernen Sie die Sätze.
Üben Sie mit einer Partnerin / einem Partner.
Sprechen Sie frei.

Und jetzt wie in der Prüfung!

Sprechen Sie.

Name?

Land?

Wohnort?

Sprachen?

Beruf?

2 Schreiben Teil 1 (Start A1) / Schreiben Teil A (telc A1)

2.1 Lesen Sie. Schreiben Sie Antworten.

Das ist Nevzat Sensoy. Er kommt aus der Türkei. Nevzad ist Mechatroniker von Beruf. Er spricht Türkisch und Deutsch und er lernt jetzt auch Spanisch. Nevzad ist schon lange in Deutschland. Er wohnt in der Finowstraße 21, in 92224 Amberg.

1. Woher kommt Nevzat? _____
2. Wo wohnt er? _____
3. Was macht er beruflich? _____
4. Welche Sprachen spricht er? _____

2.2 Was passt? Markieren Sie in 2.1. Ergänzen Sie.

Name:	*Nevzat Sensoy*
Heimatland:	
Straße, Hausnummer:	
PLZ, Ort:	*92224*
Beruf:	
Sprachen:	

2.3 Bereit? Lesen Sie die Tipps. Lösen Sie die Prüfungsaufgabe.

Lesen Sie genau.
Markieren Sie die Informationen im Text.

Und jetzt wie in der Prüfung! ·

Lesen Sie. Ergänzen Sie.

*Imani Omondi kommt aus Kenia. Sie wohnt in der Friedensstraße 12, in 10345 Leipzig. Sie arbeitet als Altenpflegerin und sie lernt Deutsch. Sie spricht ein bisschen Deutsch, Englisch und Swahili.
Imani versteht das Formular nicht. Helfen Sie Imani!*

Name:	*Imani Omondi*
Heimatland:	
Straße, Hausnummer:	*Friedensstraße*
PLZ, Ort:	*10345*
Beruf:	
Sprachen:	

3 Orte und Dinge

A Ich lerne hier Deutsch.

die Tasche, Taschen

der Tisch, Tische

der Stuhl, Stühle

die Bank, Bänke

das Sofa, Sofas

das Bett, Betten

das Regal, Regale

der Schrank, Schränke

der Herd, Herde

der Bleistift, Bleistifte

das Heft, Hefte

das Plakat, Plakate

das Handy, Handys

der Dialog, Dialoge

die Hausaufgabe, Hausaufgaben

Hausaufgaben machen

hören

das Kind, Kinder

das Foto, Fotos

spielen

stehen

viel / viele

der Kaffee *(Pl. selten)*

Was ist das? / Wie heißt das auf Deutsch?

Das ist ein ... / Das ist eine ...

Keine Ahnung. Ich weiß nicht.

1 Wie heißt das auf Deutsch?

1.1 Was ist auf den Fotos? Schreiben Sie.

die Tasche

1.2 Arbeiten Sie zu zweit. Fragen Sie und antworten Sie wie im Beispiel.

💬 Foto 1: Wie heißt das auf Deutsch? Was ist das?

💬 Das ist eine Tasche.

1.3 Was passt? Ordnen Sie zu.

Ahnung • auf Deutsch • Das ist • weiß

💬 Wie heißt das _____ (1)?

💬 Keine _____ (2). Ich _____ (3) nicht.

💬 _____ (4) ein Stuhl.

💬 Interessant.

1.4 Phonetik: *a, e, i, o, u*. Hören Sie. Sprechen Sie nach.

1. a: Tasche – Plakat – Tag – Abend
2. e: Herd – Bett – sehr – geht
3. i: Tisch – wie? – Ihnen – nicht
4. o: Sofa – Morgen – kommen – so
5. u: Buch – Stuhl – gut – super

1.5 Diktat. Was passt: *a, e, i, o, u*? Hören Sie. Ergänzen Sie.

1. 💬 G *u* ten M__rgen. W__e g__ht's?
   💬 N__cht s__ g__t.

2. 💬 G__ten T__g. W__e g__ht es __hnen?
   💬 S__hr g__t!

3. 💬 G__ten __bend. W__e g__ht's?
   💬 S__per!

1.6 Wie geht es Ihnen? Hören Sie. Antworten Sie.

3

2 Hier ist eine Bank, aber kein Tisch.

2.1 Welches Foto passt? Hören Sie. Kreuzen Sie an.

2.2 Was ist da? Hören Sie noch einmal. Kreuzen Sie an.

☐ eine Bank   ☐ ein Handy   ☐ eine Tasche
☐ ein Stift   ☐ ein Heft   ☐ ein Tisch

2.3 Markieren Sie die Artikel.

Hier ist ein Stift, ein Heft, eine Bank.
Hier ist kein Tisch, kein Handy und keine Tasche.

ein Stift   kein Tisch

2.4 Was ist da? Was ist da nicht? Schreiben Sie.

Hier ist ...

ein Tisch

3 Hier lerne ich.

Was machen Sie? Schreiben Sie wie im Beispiel.

Bücher • ~~Deutsch~~ • Hausaufgaben   ~~lernen~~ • machen • singen
Kaffee • Lieder • Dialoge   sprechen • trinken • lesen

Ich lerne Deutsch.

B Ich finde, das Regal ist schön.

der Computer, Computer _____

die Kaffeemaschine, Kaffeemaschinen _____

die Kasse, Kassen _____

der Laptop, Laptops _____

groß _____

klein _____

neu _____

alt _____

schön _____

funktionieren _____

die Tafel, Tafeln _____

der Kiosk, Kioske _____

die Tür, Türen _____

der Schlüssel, Schlüssel _____

das Fenster, Fenster _____

der Kühlschrank, Kühlschränke _____

praktisch _____

wichtig _____

kaputt _____

Oh, der Stuhl / die Tasche / ... ist schön!

Stimmt! / Ja? Ich finde, er /sie/... ist ...

1 Wo arbeitest du?

1.1 Was ist das? Ergänzen Sie.

Das ist ein _____.

Das ist eine _____.

Das ist ein _____.

Das ist ein _____.

Das ist eine _____.

1.2 Wie sind die Dinge in 1.1? Schreiben Sie wie im Beispiel.

alt • groß • ~~klein~~ • neu • kaputt

1. Der Schlüssel ist klein.

3

1.3 Was ist richtig? Lesen Sie. Kreuzen Sie an.

Keiko 10:30
Hi, Lea, wie geht's?

Lea 12:30
Danke, Keiko, gut! Und dir? Ich arbeite jetzt als Lehrerin! Das bin ich: 🙂

Hier ist ein Laptop, ein Buch und eine Tafel. Der Laptop ist alt, aber er funktioniert. Das Buch ist gut. Es ist neu. Die Tafel ist sehr alt, aber ich finde, sie ist schön. 😍 Jetzt arbeite ich nicht: Die Kinder spielen und ich trinke Kaffee.

1. ☐ Lea ist Lehrerin von Beruf. _____

2. ☐ Der Laptop ist neu. Er ist kaputt. _____

3. ☐ Das Buch ist alt und nicht sehr gut. _____

4. ☐ Lea findet, die Tafel ist schön. _____

1.4 Lesen Sie noch einmal. Korrigieren Sie in 1.3.

1.5 Was sagt Lea? Ergänzen Sie.

1. Hier steht _____ Laptop. _____ Laptop ist alt, aber _____ funktioniert.

2. Hier ist _____ Buch. _____ Buch ist gut. _____ ist neu.

3. Hier ist _____ Tafel. _____ Tafel ist sehr alt, aber _____ ist schön.

1.6 Ergänzen Sie.

1. 💬 Was ist das?
   💬 Das ist _ein_ Computer.
   💬 Woher kommt _der_ Computer?
   💬 _Er_ kommt aus China.

2. 💬 Was ist das?
   💬 Das ist _____ Bett.
   💬 Woher kommt _____ Bett?
   💬 _____ kommt aus Dänemark.

3. 💬 Was ist das?
   💬 Das ist _____ Kaffeemaschine.
   💬 Woher kommt _____ Kaffeemaschine?
   💬 _____ kommt aus Italien.

4. 💬 Was ist das?
   💬 Das ist _____ Kühlschrank.
   💬 Oh, _____ Kühlschrank ist groß!
   💬 Stimmt! _____ ist sehr groß.

2 Was ist das?

Wie sind die Dinge? Schreiben Sie wie im Beispiel.

1. 💬 Wie heißt das auf Deutsch?
   💬 Das ist _ein Stuhl._
   💬 Oh, _der Stuhl ist groß._
   💬 Ja? Ich finde, _er ist klein._

2. 💬 Wie heißt das auf Deutsch?
   💬 Das ist _____
   💬 Oh, _____
   💬 Ja? Ich finde, _____

3. 💬 Wie heißt das auf Deutsch?
   💬 _____
   💬 Oh, _____
   💬 Ja, stimmt.

3 Das ist wichtig für mich.

3.1 Was ist auf den Fotos? Wie sind die Dinge? Schreiben Sie wie im Beispiel.

alt • groß • kaputt • klein • neu • praktisch • (nicht) schön • wichtig

1. _Das ist ein Fenster. Es ist groß und schön._

3.2 Was und wer ist wichtig für Oumar? Lesen Sie. Schreiben Sie.

Hallo, ich bin Oumar Touray. Ich komme aus Mali. Ich wohne in München. Ich bin Lehrer von Beruf. Ich studiere jetzt in Deutschland. Das Handy ist wichtig für mich. Es ist alt, aber es funktioniert. Hier ist ein Foto: Das sind Hawa und Bintou. Sie sind sehr wichtig für mich.

1. Was ist wichtig für Oumar? _____
2. Wer ist wichtig für Oumar? _____

3

C Was kostet die Waschmaschine?

hoch _____	kosten _____
breit _____	kommen _____
der Zentimeter, Zentimeter (cm) _____	noch _____
_____	die Frage, Fragen _____
der Meter, Meter (m) _____	
der Euro, Euro (EUR) _____	Ich habe eine Frage / zwei/drei Fragen.
die Spülmaschine, Spülmaschinen _____	Wie alt ist der Herd / die Waschmaschine / … ?
_____	Er/Sie ist … Jahre alt.
die Waschmaschine, Waschmaschinen _____	Was kostet der Herd / die Waschmaschine / … ?
_____	Er/Sie kostet … Euro.
das Alter (Sg.) _____	Wie hoch/breit ist der Herd / … ?
der Preis, Preise _____	Er ist … cm hoch/breit.

1 Der Herd ist kaputt.

Wiederholung: Zahlen bis 20. Ergänzen Sie.

null – eins – _____ – drei – _____ – fünf – _____ – sieben –
_____ – neun – _____ – elf – _____ – dreizehn – _____ –
fünfzehn – _____ – siebzehn – _____ – neunzehn – _____

1.1 Was ist das Problem? Hören Sie. Ergänzen Sie.

Was? _____ ist kaputt.	Name: Turgut Kargi
Adresse: Bismarckstraße _____	Tel:
PLZ: _____ Augsburg	

2 Was kostet das?

2.1 Hören Sie. Sprechen Sie nach.

1. 12 – 20
2. 16 – 60
3. 13 – 30
4. 17 – 70
5. 14 – 40
6. 18 – 80
7. 15 – 50
8. 19 – 90

2.2 Welche Zahl hören Sie? Markieren Sie in 2.1.

2.3 Schreiben Sie.

51
einundfünfzig

1. 51 einundfünfzig
2. 43
3. 84
4. 92
5. 25
6. 37
7. 76
8. 68
9. 19

2.4 Welche zehn Zahlen hören Sie? Schreiben Sie. Hören Sie noch einmal. Kontrollieren Sie.

2.5 Welche Zahl ist das? Ordnen Sie zu.

512   182   128   521   256   265

1. zweihundertsechsundfünfzig _____
2. einhundertachtundzwanzig _____
3. fünfhundertzwölf _____
4. einhundertzweiundachtzig _____
5. zweihundertfünfundsechzig _____
6. fünfhunderteinundzwanzig _____

2.6 Was bedeuten die Abkürzungen? Schreiben Sie.

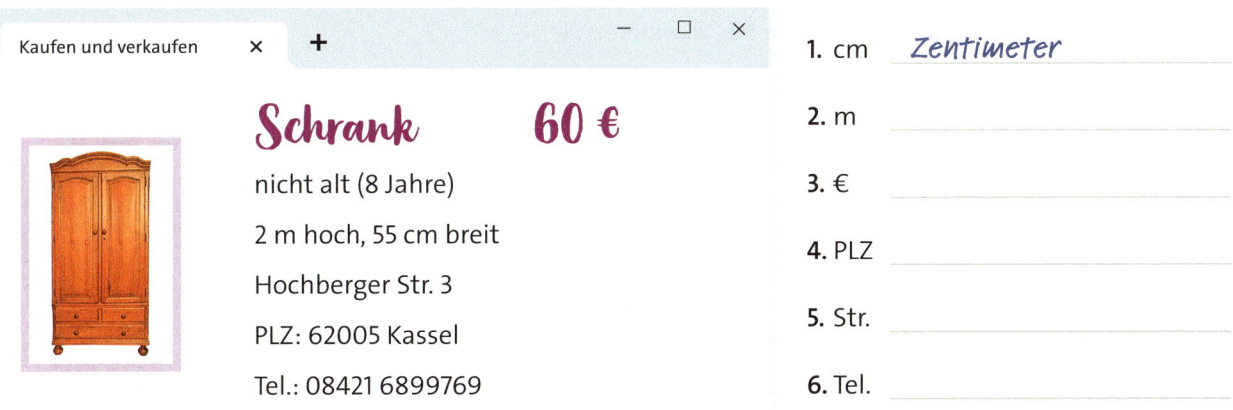

Kaufen und verkaufen

Schrank   60 €

nicht alt (8 Jahre)
2 m hoch, 55 cm breit
Hochberger Str. 3
PLZ: 62005 Kassel
Tel.: 08421 6899769

1. cm Zentimeter
2. m
3. €
4. PLZ
5. Str.
6. Tel.

2.7 Lesen Sie die Antworten. Schreiben Sie Fragen.

1. Wie _____ ? Der Schrank ist 55 cm breit.
2. _____ ? Er ist 2 m hoch.
3. Was _____ ? Er kostet 60 Euro.
4. _____ ? Der Schrank ist 8 Jahre alt.

3 Ist der Schrank noch da?

3.1 Lesen Sie 2.6 und 2.7. Schreiben Sie Antworten. Sprechen Sie zu zweit. Tauschen Sie dann die Rollen.

💬 Guten Tag! Ist der Schrank noch da?

💬 Ja, _____

💬 Gut. Ich habe eine Frage: Wie alt ist der Schrank?

💬 _____

💬 Okay. Und was kostet er?

💬 _____

💬 Gut! Wie ist die Adresse?

💬 _____

🔊 **3.2** Prüfung: Hören und antworten. Welche Antwort passt? Hören Sie. Ordnen Sie zu.
1.27

1. _____   a Sie kostet 300 Euro.
2. _____   b Ja, er ist noch da.
3. _____   c Gut, ich komme!
              d Ja? Ich finde, es ist klein.

Richtig schreiben

1 Das ist mein Handy.

1.1 Welche Wörter sind hier? Lesen Sie. Markieren Sie.

hallo!|ich|binmaria.dasistmeinhandy.esisteinbisschenkaputt,aberesfunktioniert.dasisteinfotovonleo.dashandyunddasfotosindsehrwichtigfürmich.

1.2 Was schreibt man groß? Schreiben Sie.

Hallo! Ich bin Maria.

2 Das ist wichtig für mich!

Was ist wichtig für die Personen? Wie sind die Dinge? Schreiben Sie.

Carlos

Zaida

Melvin

1. der Kühlschrank: groß, praktisch
2. die Kasse: neu, funktioniert gut
3. der Laptop: alt, schön

1. Der Kühlschrank ist wichtig für Carlos. Er ist ...

Alles klar?

1 Wortschatz

Was passt? Ergänzen Sie. (5 Punkte)

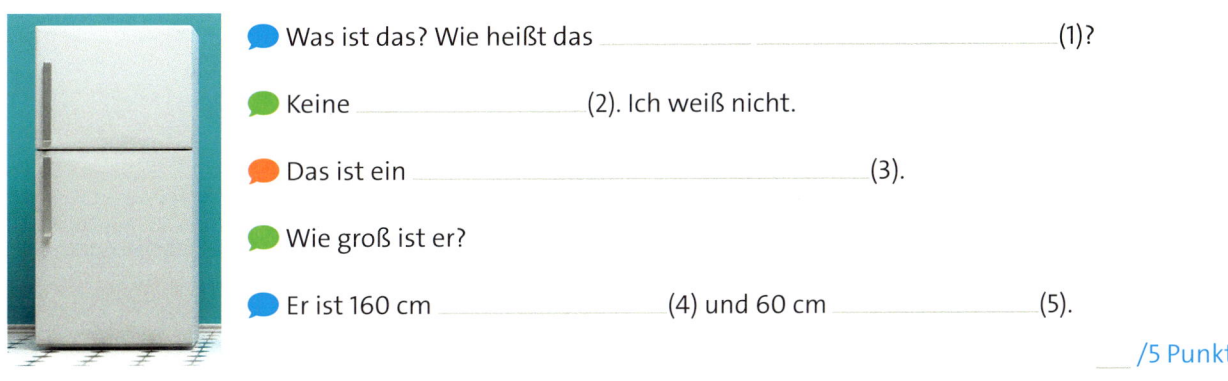

- 💬 Was ist das? Wie heißt das _____ (1)?
- 🟢 Keine _____ (2). Ich weiß nicht.
- 🟠 Das ist ein _____ (3).
- 🟢 Wie groß ist er?
- 💬 Er ist 160 cm _____ (4) und 60 cm _____ (5).

___ /5 Punkte

0–3 Punkte? Bitte noch üben! ⦿

2 Grammatik

Ergänzen Sie. (5 Punkte)

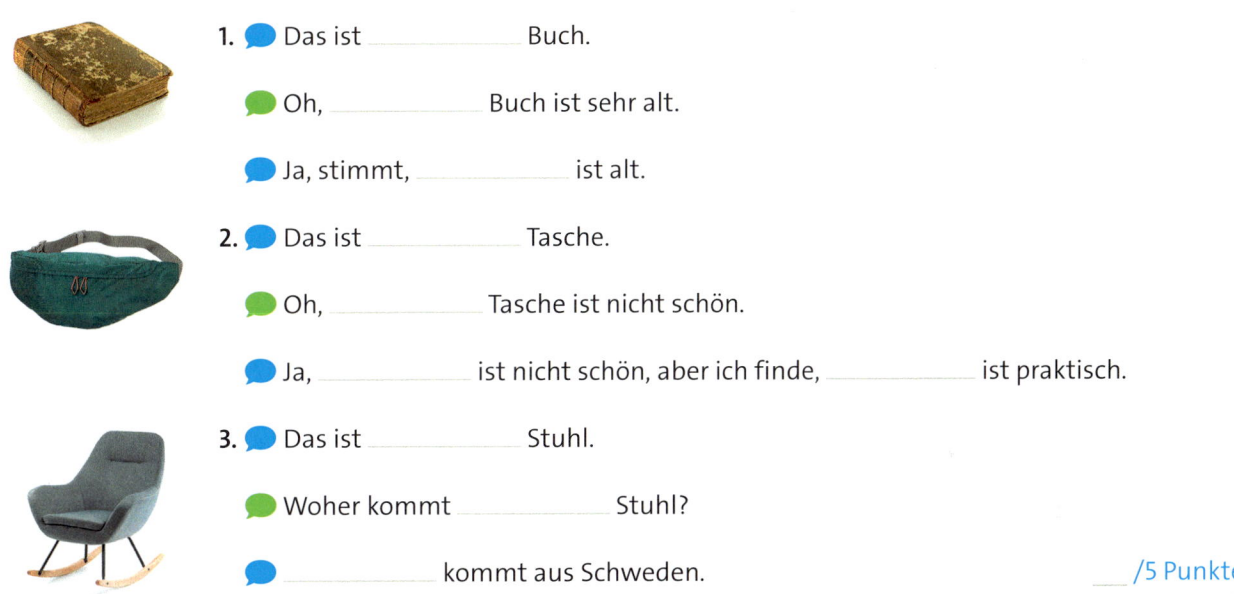

1. 💬 Das ist _____ Buch.
   🟢 Oh, _____ Buch ist sehr alt.
   💬 Ja, stimmt, _____ ist alt.

2. 💬 Das ist _____ Tasche.
   🟢 Oh, _____ Tasche ist nicht schön.
   💬 Ja, _____ ist nicht schön, aber ich finde, _____ ist praktisch.

3. 💬 Das ist _____ Stuhl.
   🟢 Woher kommt _____ Stuhl?
   💬 _____ kommt aus Schweden.

___ /5 Punkte

0–3 Punkte? Bitte noch üben! ⦿

3 Kommunikation

Lesen Sie. Schreiben Sie drei Fragen und Antworten. (10 Punkte)

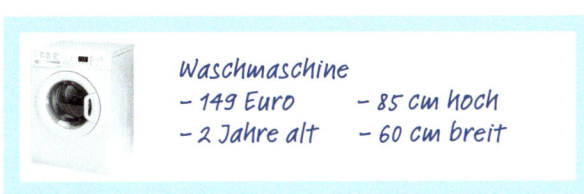

Waschmaschine
- 149 Euro   - 85 cm hoch
- 2 Jahre alt - 60 cm breit

1. Wie alt ist die Waschmaschine? _____

2. _____

3. _____

___ /10 Punkte

0–6 Punkte? Bitte noch üben! ⦿

4 Familie

A Das ist meine Familie.

denken

der Freund, Freunde

die Freundin, Freundinnen

die Familie, Familien

die Eltern (Pl.)

die Mutter, Mütter

der Vater, Väter

die Geschwister (Pl.)

die Schwester, Schwestern

der Bruder, Brüder

die Großeltern (Pl.)

die Großmutter, Großmütter

die Oma, Omas

der Großvater, Großväter

der Opa, Opas

die Tante, Tanten

der Onkel, Onkel

die Cousine, Cousinen

der Cousin, Cousins

der Sohn, Söhne

die Tochter, Töchter

von: von Martina

das Alter (Sg.)

Wer ist das?

Das ist der Vater von Martina.

Wie alt ist der Vater von Martina?

Er ist 80 Jahre alt.

1 Wer ist das?

1.1 Wer ist das? Lesen Sie. Ergänzen Sie.

Hallo, ich heiße Max und das ist meine Familie. Hier sind meine _____ (1): meine Mutter Katha und mein _____ (2) Phillip. Und das sind meine _____ (3) Sofie und mein Onkel Albert. Sie haben einen Sohn und eine Tochter: Das ist meine _____ (4) Emma und das ist mein _____ (5) Leo. Und hier sind meine _____ (6): meine Oma Elke und mein Opa Konrad.

1.2 Wer ist das? Lesen Sie noch einmal in 1.1. Ergänzen Sie.

1. Max ist _der Cousin_ von Leo.
2. Leo ist _____ von Sofie und Albert.
3. Elke ist _____ von Emma.
4. Phillip ist _____ von Max.
5. Katha ist _____ von Emma und Leo.
6. Emma ist _____ von Leo.

1.3 Wer ist …? Fragen Sie und antworten Sie.

💬 Wer ist Konrad?   💬 Ich denke, Konrad ist der … von …

1.4 Phonetik: -er. Hören Sie. Markieren Sie den Wortakzent.

die M**u**tter – der Vater – die Schwester – der Bruder

der Busfahrer – der Lehrer – der Sänger – der Verkäufer

1.5 Hören Sie noch einmal. Sprechen Sie nach.

1.6 Hören Sie. Sprechen Sie nach.

1. Mein Vater ist Lehrer.
2. Mein Bruder ist Busfahrer.
3. Meine Mutter ist Ärztin.
4. Meine Schwester ist Köchin.

1.7 Wie sagt man das in Ihren Sprachen? Schreiben Sie. Vergleichen Sie.

	Vater von Vater	Vater von Mutter	Mutter von Vater	Mutter von Mutter
Deutsch	Großvater	Großvater	Großmutter	Großmutter
Ihre Sprache(n)				

2 Wie viele … sind das?

2.1 Wie viele … hat Timur? Hören Sie. Ergänzen Sie.

1. _2_ Brüder
2. ___ Schwestern
3. ___ Onkel
4. ___ Tanten

2.2 Richtig oder falsch? Hören Sie noch einmal. Kreuzen Sie an.   richtig   falsch

1. Die Brüder von Timur wohnen in Rumänien.   ☐ ☐
2. Die Schwestern von Timur wohnen in Deutschland.   ☐ ☐
3. Die Mutter von Timur arbeitet nicht.   ☐ ☐
4. Der Vater von Timur ist Näher.   ☐ ☐

2.3 Ergänzen Sie.

1. eine _Tochter_ – zwei Töchter
2. ein Sohn – zwei _____
3. eine _____ – drei Schwestern
4. ein Bruder – fünf _____
5. ein _____ – zwei Onkel
6. eine Tante – vier _____
7. eine Cousine – sechs _____
8. ein _____ – acht Cousins

2.4 Wie viele ... sind da? Schreiben Sie. Die Wortlisten auf Seite 28 und 31 helfen.

Da ist eine Tasche, ...
Da sind ...

3 Sarah erzählt: Das ist meine Familie.

3.1 Diktat. Hören Sie. Schreiben Sie. Sie hören den Text zweimal.

Ich heiße Sarah. Ich bin 38 _____ (1) und ich wohne in Berlin.

Ich _____ (2) Altenpflegerin. Hier ist mein _____ (3)

Julian. Er ist 10 Jahre alt. Das sind _____ (4):

Mein Vater heißt Hans und er ist Polizist _____ (5).

Meine Mutter heißt Sonja und sie ist Lehrerin.

3.2 Lesen Sie die Antworten. Schreiben Sie Fragen.

1. 💬 _Wie heißt der Vater von Sarah?_ 💬 Er heißt Hans.
2. 💬 _____ 💬 Sie wohnt in Berlin.
3. 💬 _____ 💬 Er ist Polizist von Beruf.
4. 💬 _____ 💬 Er ist 10 Jahre alt.
5. 💬 _____ 💬 Sie ist Lehrerin.

3.3 Prüfung: Hören. Was ist richtig? Hören Sie. Kreuzen Sie an.

1. Wie alt ist der Sohn von Eike? Er ist
   a ☐ 7 Jahre alt.   b ☐ 8 Jahre alt.
2. Wo wohnt Ally? Sie wohnt in der
   a ☐ Florastraße 9.   b ☐ Florastraße 19.
3. Wie heißt der Vater von Bader? Ich buchstabiere:
   a ☐ M-A-Z-E-N.   b ☐ M-A-Z-A-M.
4. Wie viele Geschwister hat Jakob? Er hat
   a ☐ 3 Brüder.   b ☐ 2 Brüder.

B Ich habe später ein Haus und zwei Kinder.

der Familienstand (Sg.)

geschieden

ledig

verheiratet

Wie viele?

haben

zusammen

alles

bestimmt

der Chef, Chefs

die Chefin, Chefinnen

dann

der Ehemann, Ehemänner

der Job, Jobs

nett

nur

(der) Single: Ich bin Single.

später

die Ehefrau, Ehefrauen

der Enkel, Enkel

die Enkelin, Enkelinnen

der Garten, Gärten

das Haus, Häuser

vielleicht

Ich bin ledig/verheiratet/geschieden.

Wie viele Kinder hast du (später)?

Ich habe (später) …

Ich habe in 15 Jahren vielleicht …

1 Ich bin ledig.

Wer ist das? Lesen Sie. Ergänzen Sie.

Sunil

Ich heiße Sunil und ich komme aus Indien. Ich wohne jetzt in Deutschland. Ich bin Programmierer von Beruf und ich arbeite in Bonn. Ich habe keine Freundin. Ich bin Single.

Ana

Mein Name ist Ana und ich komme aus Griechenland. Ich arbeite als Ärztin. Ich bin geschieden, aber ich habe einen Freund. Mein Freund kommt aus Deutschland und er hat zwei Kinder. Wir wohnen zusammen in Köln.

Sascha & Marina

Ich bin Sascha und das ist Marina. Ich komme aus Berlin und Marina kommt aus der Ukraine. Wir sind verheiratet und wir haben zwei Söhne und eine Tochter. Wir wohnen in Jena.

1. Wer hat einen Freund?

2. Wer ist ledig?

3. Wer hat Kinder?

4. Wer kommt aus Deutschland?

2 Wir haben sechs Brüder.

2.1 Ergänzen Sie. Übung 1 hilft.

haben			
ich	_____	wir	_____
du	_____	ihr	_____
er/es/sie	_____	sie/Sie	_____

2.2 Ergänzen Sie *haben*.

1. Ich _____ drei Geschwister. Wie viele Geschwister _____ du?
2. Wir _____ keine Kinder. Wie viele Kinder _____ ihr?
3. Meine Schwester _____ zwei Söhne. Wie viele Kinder _____ dein Bruder?
4. Wie viele Kinder _____ dein Onkel und deine Tante?

3 Sunil hat einen Sohn und eine Tochter.

Wiederholung: Artikel im Nominativ. Was passt? Ergänzen Sie.

1. Das ist *ein* Laptop. _____ Laptop ist alt.
2. Das ist _____ Handy. _____ Handy ist klein.
3. Das ist _____ Kaffeemaschine. _____ Kaffeemaschine ist neu.
4. Das sind meine Bücher. _____ Bücher sind alt.

3.1 Welche Artikel sind hier? Lesen Sie. Markieren Sie.

Ich heiße Sunil und ich arbeite als Programmierer. Ich habe keine Freundin. Aber ich denke, ich bin in 30 Jahren bestimmt verheiratet. Ich habe dann zwei Kinder: einen Sohn und eine Tochter. Und ich habe vielleicht auch schon Enkel: einen Enkel und eine Enkelin! Ich habe ein Auto, ein Haus und vielleicht auch einen Garten!

3.2 Was hat Sunil in 20 Jahren? Lesen Sie noch einmal in 3.1. Ergänzen Sie.

Sunil hat in 20 Jahren *eine* Frau, _____ Sohn, _____ Tochter, _____ Enkel *(Pl.)*, _____ Auto, _____ Haus und _____ Garten.

3.3 Was braucht Sunil als Programmierer? Ergänzen Sie.

Sunil braucht _____ Tisch, _____ Stuhl, _____ Computer oder _____ Laptop, _____ Regal und _____ Stifte.

3.4 Ergänzen Sie.

1. Marie ist nicht verheiratet, aber sie hat ___einen___ Freund.

2. Amer ist geschieden und er hat _____ Kind: Er hat _____ Tochter.

3. Der Vater von Julian hat _____ Bruder. Julian hat nur _____ Onkel.

4. Paula hat zwei Geschwister. Sie hat zwei Brüder, aber __k_____ Schwestern.

5. Wie viele Kinder haben Sie? Ich habe leider __k_____ Kinder.

3.5 Schreiben Sie Antworten. Sprechen Sie zu zweit. Tauschen Sie dann die Rollen.

💬 Hallo, wie heißt du?

💬 _____

💬 Woher kommst du?

💬 _____

💬 Wie viele Geschwister hast du?

💬 _____

💬 Wie viele Kinder hast du?

💬 _____

4 Ich habe in 15 Jahren ein Haus.

Was haben Sie? Was haben Sie nicht? Was brauchen Sie noch? Schreiben Sie wie im Beispiel.

der Tisch • Stühle *(Pl.)* • der Herd • die Spülmaschine • Regale *(Pl.)* • der Schrank • das Sofa • das Bett • die Waschmaschine • der Kühlschrank • Bücher *(Pl.)* • der Laptop

Ich habe einen Tisch, aber keine Stühle.
Ich brauche noch Stühle.

4

C Das ist meine Privatsache.

allein / alleine _____

besuchen _____

bunt _____

das Café, Cafés _____

Vielen Dank! _____

die Ex-Frau, Ex-Frauen _____

der Ex-Mann, Ex-Männer _____

das Gespräch, Gespräche _____

ihr(e): Das ist Mia. Das ist ihr Buch. _____

Ihr(e): Frau Tell, wie ist Ihr Vorname? _____

kennen _____

leben _____

der Nachbar, Nachbarn _____

die Nachbarin, Nachbarinnen _____

oft _____

sein(e): Das ist Len. Das ist sein Buch. _____

toll _____

das Wörterbuch, Wörterbücher _____

zu Hause _____

ihr(e): Das sind Mia und Len. Das sind ihre Bücher. _____

privat _____

Meine Familie ist groß/klein. Ich habe …

Das möchte ich nicht sagen.

Das ist privat. / Das ist meine Privatsache.

1 Meine Familie ist bunt.

1.1 **Ein Gespräch mit Autorin Nour Ghobril. Was ist richtig? Hören Sie. Kreuzen Sie an.**

1. Nour schreibt deutsch und	☐ italienisch.	☐ arabisch.	☐ französisch.
2. Ihre Mutter kommt aus	☐ dem Libanon.	☐ Österreich.	☐ den USA.
3. Ihr Vater ist	☐ Hausmann.	☐ Altenpfleger.	☐ Koch.
4. Nour	☐ ist verheiratet.	☐ ist ledig.	☐ hat einen Freund.
5. Sie hat	☐ drei Töchter.	☐ drei Kinder.	☐ keine Kinder.

1.2 **Was passt: *mein(e)* oder *dein(e)*? Ergänzen Sie.**

🟢 Nour, das Foto ist toll! Das ist _____ (1) Mann. Richtig?

🔵 Nein, das ist nicht _____ (2) Mann, das ist _____ (3) Nachbar.

🟢 Und das ist deine Schwester?

🔵 Ja, das ist _____ (4) Schwester Lilo.

🟢 Und das sind _____ (5) Eltern. Richtig?

🔵 Ja, das sind _____ (6) Eltern: _____ (7) Mutter Nina und _____ (8) Vater Alim.

1.3 Was ist richtig: *sein(e)* oder *ihr(e)*? Markieren Sie.

Mia

Das ist **Mia**. Mia kommt aus Italien und sie lebt und arbeitet in Halle. Seine/Ihre Eltern wohnen in Rom. Sie hat eine Schwester und einen Bruder. Sein/Ihr Bruder arbeitet jetzt auch in Deutschland und er wohnt allein. Seine/Ihre Schwester lebt in Österreich. Sie hat dort ein Café.

Len

Das ist **Len**. Len kommt aus China. Er ist verheiratet. Cathy und John sind seine/ihre Kinder. Seine/Ihre Frau kommt aus Deutschland. Len hat zwei Geschwister. Sein/Ihr Bruder ist Verkäufer und er wohnt in Singapur. Seine/Ihre Schwester arbeitet in China als Krankenschwester.

1.4 Was passt? Ergänzen Sie.

1. Das ist Irina. Und das sind _ihre_ Eltern und _ihr_ Sohn.

2. Ich heiße Konstantinos. Das ist _____ Schwester und das ist _____ Bruder.

3. Das ist Pierre. Und das ist _____ Familie, _____ Frau und _____ Kinder.

4. Das sind Keiko und Susumu. _____ Tochter heißt Emily.

5. Du bist allein zu Hause? Wo sind _____ Eltern?

6. Herr Gehrken, das sind _____ Tochter und _____ Sohn? Richtig?

2 Ich besuche meinen Bruder gerne.

2.1 Lesen Sie. Markieren Sie die Possessivartikel wie im Beispiel.

Das ist mein Bruder Calvin. Er lebt in Köln. Ich besuche meinen Bruder oft. Das ist seine Frau Lisa. Ich kenne seine Frau gut. Und das sind ihre Eltern, Greg und Helen. Ich kenne ihre Eltern nicht so gut, aber ich denke, sie sind sehr nett!
Calvin und Lisa haben zwei Kinder. Das ist ihr Sohn Eddy und das ist ihre Tochter Monica. Und das Auto? Das ist mein Auto. Calvin und Lisa brauchen mein Auto oft!

2.2 Lesen Sie noch einmal in 2.1. Ergänzen Sie.

1. ich: Das ist _mein_ Bruder Calvin. Ich besuche _meinen_ Bruder oft.

2. er: Das ist _____ Frau Lisa. Ich kenne _____ Frau gut.

3. sie: Das sind _____ Eltern. Ich kenne _____ Eltern nicht so gut.

4. sie *(Pl.)*: Das ist _____ Sohn Eddy und das ist _____ Tochter Monica.

5. ich: Das ist _____ Auto. Calvin und Lisa brauchen _____ Auto oft!

4

2.3 Was passt? Ergänzen Sie.

1. Herr Müller, wie ist _____ Vorname? Und wie ist _____ Adresse?
2. Max, wie heißt _____ Bruder? Ich kenne _____ Bruder nicht.
3. Ich bin geschieden. Ich besuche _____ Ex-Mann und _____ Frau Mary oft.
4. Sandra und Lea sind meine Cousinen. _____ Eltern wohnen in Österreich.

2.4 Phonetik: -e und -en. Hören Sie. Markieren Sie den Wortakzent.

meine – meinen – kenne – kennen – besuche – besuchen – Cousine – Cousinen – Tante – Tanten

2.5 Hören Sie noch einmal. Sprechen Sie nach.

2.6 Lesen Sie laut. Hören Sie. Kontrollieren Sie.

1. Ich besuche meine Cousine oft.
2. Meine Cousinen kennen meinen Freund.
3. Meine Tante kennt Ihren Sohn.
4. Ich kenne meine Tante gut.

2.7 Welche Antwort passt? Hören Sie. Ordnen Sie zu.

a ☐ Ich habe zwei Brüder.
b ☐ Ich habe zwei Töchter.
c ☐ Ich besuche meine Eltern oft.
d ☐ Ich bin ledig, aber ich habe einen Freund.

Richtig schreiben

1 Ich heiße Hannah Demir.

1.1 Wie schreibt man es: *ie* or *ei*? Markieren Sie.

1. Wie heißen Sie?
2. Marie ist verheiratet.
3. Wie viele Kinder haben Sie?
4. Sie arbeitet als Programmiererin.

1.2 Was passt: *ie* oder *ei*? Ergänzen Sie. Hören Sie dann. Kontrollieren Sie.

Ich h *ei* ße Hannah Demir. Ich komme aus der Türk____. Ich bin v____rzig Jahre alt. Ich bin verh____ratet und ich habe v____r Kinder. Ich arb____te als Programm____rerin. Ich spreche dr____ Sprachen: Türkisch, Spanisch und Deutsch.

2 Das ist Adrian Nowak.

Wer ist das? Schreiben Sie.

Adrian Nowak

Alter: 38 Jahre
Beruf: Friseur
Familienstand: verheiratet
Ehefrau: Natalie Nowak, 36 Jahre
Kinder: Sohn (Filip), Tochter (Hanna)
Wohnort: Rostock

Das ist Adrian Nowak. Er ist ...

Alles klar?

1 Wortschatz

Was passt? Bilden Sie Wörter. Ordnen Sie zu. (5 Punkte)

al • bar • den • der • ~~Fa~~ • Gar • ge • gle • Hau • Kin • lein • ~~lie~~ •
men • ~~mi~~ • Nach • sam • schie • se • Sin • ten • ter • Toch • zu

Die _Familie_ (1) von Aliya ist bunt. Aliya ist _____ (2), aber sie hat einen Freund. Ihr

Freund heißt Nathan und er hat zwei _____ (3). Seine _____ (4) heißt Lea

und sein Sohn heißt Paul. Sie wohnen _____ (5) in Stuttgart. Aliya und Nathan sind gerne

zu _____ (6). Ihr Haus ist klein, aber der _____ (7) ist groß.

Der _____ (8) heißt Fritz und er ist sehr nett. Das ist toll! Er ist _____ (9) und

er lebt _____ (10). ___/5 Punkte

0–3 Punkte? Bitte noch üben! ⊙

2 Grammatik

Was passt? Ergänzen Sie. (5 Punkte)

💬 Herr Almimar, wie groß ist _____ (1) Familie?

💬 _____ (2) Familie ist nicht so groß. Ich bin verheiratet und habe _____ (3) Sohn.

💬 Und wie viele Geschwister haben Sie?

💬 Ich habe zwei Geschwister: _____ (4) Schwester und _____ (5) Bruder. Ich besuche

_____ (6) Geschwister und _____ (7) Familien oft.

💬 Und was machen _____ (8) Eltern beruflich?

💬 Sie haben _____ (9) Kiosk. _____ (10) Kiosk ist klein, aber nett! ___/5 Punkte

0–3 Punkte? Bitte noch üben! ⊙

3 Kommunikation

Lesen Sie. Schreiben Sie fünf Fragen und Antworten. (10 Punkte)

> Ich heiße Ishan Yildirim. Ich komme aus der Türkei, aber ich wohne jetzt in Köln. Ich bin verheiratet. Meine Frau heißt Katha. Wir haben einen Sohn, Oskar, und eine Tochter, Tilly.

1. _Wie heißt er?_ _____
2. _____ _____
3. _____ _____
4. _____ _____
5. _____ ___/10 Punkte

0–6 Punkte? Bitte noch üben! ⊙

Wichtige Wörter

1

der *Computer*

die *Computer*

5

der

9

das

2

der

6

der

10

das

3

der

7

der

11

das

4

der

8

der

12

das

1 Viele Dinge

1.1 Wie heißt das auf Deutsch? Schreiben Sie.

1.2 Wie ist der Plural? Schreiben Sie. Hören Sie dann. Kontrollieren Sie.

1.3 Hören Sie noch einmal. Sprechen Sie nach.

1.4 Arbeiten Sie zu zweit. Sagen Sie ein Wort im Plural. Ihre Partnerin / Ihr Partner sagt das Wort im Singular mit Artikel. Kontrollieren Sie.

💬 die Türen

💬 die Tür

13 das	17 die	21 die
14 das	18 die	22 die
15 das	19 die	23 die
16 das	20 die	24 die

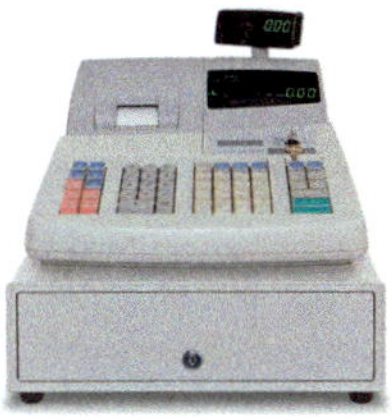

2 Was ist das?

2.1 Arbeiten Sie in Gruppen. Zeichnen Sie ein Ding. Die anderen raten. Tauschen Sie dann die Rollen.

🔵 Das ist ein Fenster! 🟢 Leider falsch!
🟠 Das ist eine Tafel! 🟢 Auch falsch!
⚪ Das ist ein Laptop! 🟢 Richtig!

2.2 Welche Dinge im Kursraum kennen Sie? Zeigen Sie. Fragen Sie und antworten Sie.

🔵 Was ist das? 🟢 Das ist eine Lampe. 🔵 Stimmt, richtig!

Prüfungstraining

1 Hören Teil B (telc A1)

1.1 Lesen Sie. Sprechen Sie die Antworten laut.

1. Wie viel kostet das Regal?
   Es kostet _____ .
   - a ☐ 18 Euro
   - b ☐ 80 Euro

2. Wie schreibt man deinen Namen?
   Ich buchstabiere: _____ .
   - a ☐ M-A-R-C
   - b ☐ M-A-R-K

3. Wo wohnst du?
   Ich wohne in _____ .
   - a ☐ Berlin
   - b ☐ Bern

1.2 Was ist richtig? Hören Sie. Kreuzen Sie in 1.1 an. Sie hören die Texte zweimal.

1.3 Bereit? Lesen Sie die Tipps. Lösen Sie die Prüfungsaufgabe.

Lesen Sie die Antworten genau.
Was hören Sie? Sehen Sie beim Hören die Antworten an.
Kreuzen Sie immer eine Antwort an.
Kontrollieren Sie Ihre Antwort beim zweiten Hören.

Und jetzt wie in der Prüfung!

Was ist richtig? Hören Sie. Kreuzen Sie an. Sie hören die Texte zweimal.

1. Wie schreibt man Ihren Familiennamen?
   Ich buchstabiere: _____ .
   - a ☐ H-A-M-W-I
   - b ☐ H-A-M-V-I

2. Wo wohnen Sie?
   Ich wohne in der _____ .
   - a ☐ Florastraße 49
   - b ☐ Florastraße 94

3. Was ist Herr Lange von Beruf?
   Herr Lange ist _____ von Beruf.
   - a ☐ Lehrer
   - b ☐ Lagerist

4. Wie viel kostet der Kühlschrank?
   Er kostet _____ .
   - a ☐ 295 Euro
   - b ☐ 395 Euro

5. Wo wohnt Daniel jetzt?
   Er wohnt in _____ .
   - a ☐ Frankfurt
   - b ☐ Freiburg

2 Lesen Teil 1 (Start A1) / Lesen Teil B (telc A1)

2.1 Lesen Sie den Text und die Fragen. Markieren Sie die Antworten im Text.

Hallo Mirjam,

wie geht es dir?
Ich bin jetzt geschieden und ich wohne in Frankfurt. Meine Tochter Carla wohnt auch in Frankfurt. Sie arbeitet hier als Polizistin. Ihr Beruf ist sehr interessant! Ich arbeite als Friseurin bei HAIRlich. Das ist toll! Mein Chef heißt Hermann Engl und er ist sehr nett.
Und du? Was machst du? Und wo arbeitest du jetzt?

Liebe Grüße
Anna

1. Wie ist der Familienstand von Anna?
2. Wo wohnen Anna und Carla?
3. Was ist Carla von Beruf?

2.2 Richtig oder falsch? Lesen Sie noch einmal. Kreuzen Sie an.

	richtig	falsch
1. Anna hat einen Ehemann.	☐	☐
2. Anna und Carla wohnen in Frankfurt.	☐	☐
3. Carla arbeitet als Friseurin.	☐	☐

2.3 Kontrollieren Sie Ihre Antworten in 2.2 mit Ihren Markierungen in 2.1.

2.4 Bereit? Lesen Sie die Tipps.
Lösen Sie die Prüfungsaufgabe.

> Lesen Sie den Text und die Aussagen einmal schnell.
> Lesen Sie dann genau.
> Was steht im Text? Markieren Sie.
> Kreuzen Sie immer eine Antwort an.

Und jetzt wie in der Prüfung!

Richtig oder falsch? Lesen Sie. Kreuzen Sie an.

Hallo Dawoud,

wie geht es dir?
Ich wohne jetzt in Berlin und meine Freundin Lisa wohnt auch hier. Wir wohnen zusammen! Lisa lernt Arabisch und ich lerne Deutsch. Ich habe keinen Lehrer, aber Lisa und ich sprechen viel Deutsch. Das ist gut! Und du? Wo wohnst du jetzt?

Viele Grüße und bis bald!
Hamad

	richtig	falsch
1. Hamad und Lisa wohnen in Berlin.	☐	☐
2. Hamad lernt Arabisch.	☐	☐
3. Hamad spricht viel Deutsch.	☐	☐

5 Alltag und Freizeit

A Hast du Zeit?

duschen

frühstücken

gehen: zur Arbeit gehen

ins Bett gehen

das Internet: im Internet surfen

kochen

kaufen

die Lebensmittel *(Pl.)*: Lebensmittel kaufen

die Musik: Musik hören

putzen

schlafen

telefonieren

Tischtennis spielen

am: am Morgen

der Morgen, Morgen

der Vormittag, Vormittage

der Mittag, Mittage

der Nachmittag, Nachmittage

der Abend, Abende

die Nacht, Nächte

wann

heute

die Zeit: Zeit haben

zu Hause

frei: frei haben

morgen

schade

der Sport: Sport machen

der Tag, Tage

Kommst du? Hast du heute Zeit?

Ja, ich komme gern. Ich habe Zeit.

Nein, (ich komme) leider nicht.

Ich habe keine Zeit. Ich arbeite … / Ich habe …

1 Ich spiele gern Tischtennis.

1.1 Was machen die Personen? Ergänzen Sie.

kochen

1.2 Was passt? Schreiben Sie.

1. _Tischtennis spielen_
2. _____
3. _____
4. _____
5. _____
6. _____

1.3 Was macht Tamara (nicht) gern? Was macht Eric (nicht) gern? Schreiben Sie.

 Tamara — frühstücken 👍, kochen 👎, schlafen 👍

 Eric — zur Arbeit gehen 👍, Sport machen 👍, telefonieren 👎

Tamara frühstückt gern.

1.4 Was machen Sie (nicht) gern? Schreiben Sie. Übungen 1.2 und 1.3 helfen.

Ich surfe gern im Internet.

1.5 Welche Tageszeiten sind hier? Markieren Sie.

L	A	M	R	R	T	F	O	N	K	L	C	O
X	N	A	C	H	M	I	T	T	A	G	R	Y
M	O	R	G	E	N	D	D	A	B	E	N	D
S	E	R	J	N	Ü	T	E	B	H	V	Ä	M
N	A	C	H	T	O	M	I	T	T	A	G	Ö
E	T	Ü	C	V	O	R	M	I	T	T	A	G

1.6 Wann? Ergänzen Sie die Tageszeiten aus 1.5.

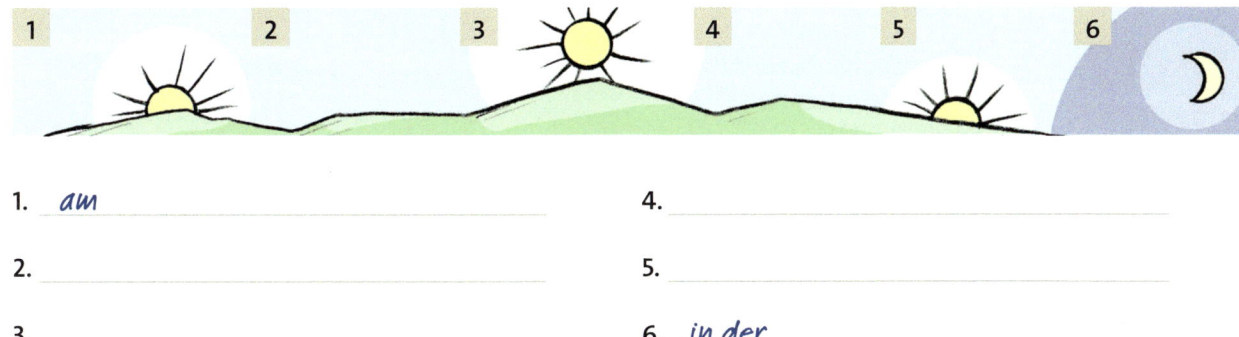

1. _am_
2. _____
3. _____
4. _____
5. _____
6. _in der_

1.7 Was macht Frau Svoboda? Schreiben Sie.

Frau Svoboda frühstückt.   Sie

1.8 Fragen Sie und antworten Sie wie im Beispiel.

💬 Was macht Frau Svoboda am Morgen?   💬 Sie frühstückt.

2 Was machst du heute?

2.1 Enisa oder Mascha? Wer macht was? Lesen Sie. Ergänzen Sie.

> **Enisa** 8:32
> Hallo, Mascha. Wie geht's? Ich frühstücke jetzt 🥐 ☕ und ich gehe dann zur Arbeit. Ich habe am Abend frei. Hast du am Abend Zeit? Ich koche! Kommst du? Oder arbeitest du heute?

> **Mascha** 10:56
> Hallo, Enisa! Ja, gerne! Ich arbeite heute nicht. Ich lerne jetzt ein bisschen Deutsch und ich spiele am Nachmittag Tischtennis. Ich komme am Abend. Du kochst. Aber ich kaufe die Lebensmittel! 😀

1. _____ lernt heute Deutsch.   3. _____ kocht am Abend.

2. _____ geht heute zur Arbeit.   4. _____ macht heute Sport.

Wiederholung: W-Fragen. Wie ist die Frage? Ergänzen Sie.

2.2 Ja-/Nein-Fragen. Wie ist die Frage? Ergänzen Sie.

Position 1

1. 💬 Heißt _____ _____ 🟢 Ja. Ich heiße Karim.
2. 💬 _____ aus Bulgarien? 🟢 Nein. Ich komme aus dem Irak.

2.3 W-Frage oder Ja-/Nein-Frage? Wo steht das Verb? Markieren Sie. Kreuzen Sie an.

	W-Frage	Ja-/Nein-Frage
1. Wo wohnen Sie?	☐	☐
2. Wohnen Sie in Hamburg?	☐	☐
3. Machen Sie gern Sport?	☐	☐
4. Wann machen Sie Sport?	☐	☐

2.4 Welche Frage aus 2.3 passt? Ergänzen Sie.

1. 💬 _____ 🟢 Ich mache am Nachmittag Sport.
2. 💬 _____ 🟢 Ja, ich mache gern Sport.
3. 💬 _____ 🟢 Nein, ich wohne in München.
4. 💬 _____ 🟢 In München.

2.5 Wie ist die Frage? Schreiben Sie.

1. 💬 _____ 🟢 Ja, ich koche gern.
2. 💬 _____ 🟢 Nein, ich wohne nicht in Köln.
3. 💬 _____ 🟢 Ja, ich arbeite gern.
4. 💬 _____ 🟢 Nein, ich putze nicht so gern.

3 Ich habe heute keine Zeit.

3.1 Lesen Sie die Fragen. Hören Sie. Schreiben Sie Antworten.

1. Was machen Safaa und Ahmed? _____
2. Wann machen sie das? _____

3.2 Hören Sie noch einmal. Kontrollieren Sie.

3.3 Schreiben Sie Antworten. Sprechen Sie zu zweit. Tauschen Sie dann die Rollen.

💬 Wir lernen heute Nachmittag Deutsch. Kommst du auch? Hast du Zeit?

🟢 _____

💬 Oh, schade. Und morgen? Hast du morgen Zeit?

🟢 _____

💬 Super! Bis morgen!

B Das sind meine Freizeittipps.

essen _____

das Fahrrad, Fahrräder _____

fahren: Fahrrad fahren _____

der Fußball: Fußball spielen _____

grillen _____

laufen _____

lesen _____

die Leute *(Pl.)* _____

das Picknick: ein Picknick machen _____

schwimmen _____

sehen: einen Film sehen _____

der Spaziergang: einen Spaziergang machen _____

sprechen: mit Freunden sprechen _____

treffen: Leute treffen _____

die Bibliothek, Bibliotheken _____

der Eintritt *(Sg.)* _____

finden _____

das Hobby, Hobbys _____

international _____

das Kino, Kinos _____

langweilig _____

lecker _____

die Million, Millionen _____

modern _____

nie _____

der Park, Parks _____

perfekt _____

das Schwimmbad, Schwimmbäder _____

(der) Spaß: Viel Spaß! _____

die Stadt, Städte _____

der Tipp, Tipps _____

der Zoo, Zoos _____

die Freizeit *(Sg.)* _____

1 Die Stadt ist toll.

1.1 Wie heißen die Verben? Ergänzen Sie.

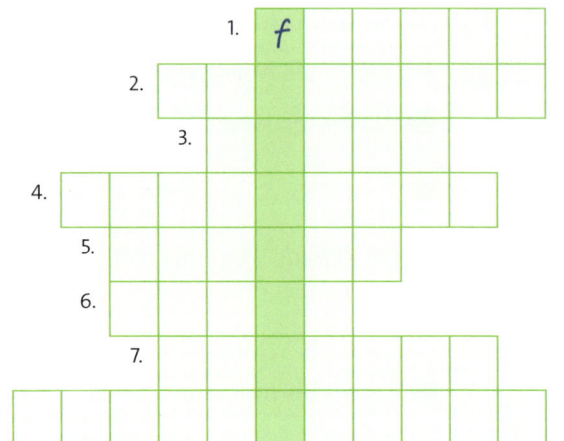

56 sechsundfünfzig

1.2 Welche Verben sind hier? Markieren Sie. Ergänzen Sie.

sprechen|machenspielentreffensehenfahrenmachenlesen

1. mit Freunden _sprechen_
2. einen Film _____
3. Fahrrad _____
4. ein Picknick _____
5. ein Buch _____
6. Fußball _____
7. einen Spaziergang _____
8. Leute _____

1.3 Die Stadt Wuppertal. Welche vier Tipps haben die Personen? Hören Sie. Kreuzen Sie an.

1. der Zoo
2. das Sprachcafé
3. die Bibliothek
4. der Nordpark
5. das Kino
6. das Schwimmbad

1.4 Richtig oder falsch? Hören Sie noch einmal. Kreuzen Sie an.

	richtig	falsch
1. Yusuf findet, der Zoo ist nur für Kinder interessant.	☐	☐
2. Liao trifft im Sprachcafé seine Familie.	☐	☐
3. Das Schwimmbad in Wuppertal ist nicht neu.	☐	☐
4. Anne liest im Park ein Buch oder sie schläft ein bisschen.	☐	☐

1.5 Ergänzen Sie. Übung 1.4 hilft.

	(e → i) **treffen**	**essen**	(e → ie) **lesen**	(a → ä) **schlafen**	(au → äu) **laufen**
ich	treffe	esse		schlafe	laufe
du					
er/es/sie					
wir		essen	lesen	schlafen	laufen
ihr	trefft		lest	schlaft	
sie/Sie	treffen	essen	lesen		laufen

1.6 Ergänzen Sie.

1. 🗨 Ahmed _____ gern Fahrrad. Und du? _____ du auch gern Fahrrad?

   🗨 Nein, ich _____ nicht so gern Fahrrad. *(fahren)*

2. 🗨 Wir _____ heute chinesisch. _____ du gern chinesisch?

   🗨 Ja, ich _____ auch gern chinesisch. *(essen)*

3. 🗨 Mein Vater _____ gern Filme. _____ du auch gern Filme?

   🗨 Nein, ich _____ nicht so gern Filme. *(sehen)*

4. 🗨 Ich _____ gern im Park. _____ ihr auch gern im Park?

   🗨 Ja, wir _____ auch gern im Park. *(laufen)*

1.7 Phonetik: *a, ä, e, i*. Hören Sie. Sprechen Sie nach.

1. a – ä: ich fahre – du fährst   ich schlafe – er schläft
2. e – ie: ich sehe – du siehst   ich lese – sie liest
3. e – i: ich esse – du isst   ich spreche – du sprichst

1.8 Diktat. Was passt: *a, ä, e, i*? Hören Sie. Ergänzen Sie. Sie hören den Text zweimal.

D__s __st Ella. Sie __st __rztin und ihr M__nn __st __rzt. Sie h__ben viele Hobbys.

Sie l__sen Bücher, sie s__hen F__lme und sie __ssen g__rn. Ella f__hrt g__rn F__hrrad.

Sie s__ngt auch s__hr gut. Ihr M__nn tr__fft g__rn Freunde und er spr__cht viele Spr__chen:

Ar__bisch, __nglisch und ein b__sschen Sp__nisch.

C Boxen macht Spaß!

alle _____   der Sonntag _____

bis: 6 bis 16 Jahre _____   das Wochenende, Wochenenden _____

boxen _____   die Woche, Wochen _____

der Montag _____   der/die Jugendliche, Jugendlichen _____

der Dienstag _____   der Verein, Vereine _____

der Mittwoch _____

der Donnerstag _____   Ach nein, nicht so gern. / Ich weiß nicht.

der Freitag _____   Das ist interessant. Ich komme auch!

der Samstag _____   Das macht Spaß!

1 Wann sind die Kurse?

1.1 Wo sind die Wochentage? Markieren Sie. Ergänzen Sie.

A	M	S	D	S	M	I	T	T	A	S	G	S
M	O	N	T	A	G	R	E	I	N	O	D	O
I	T	A	W	M	A	W	I	D	S	N	R	M
T	A	M	E	S	R	A	S	I	C	N	E	I
T	R	S	I	T	E	F	R	E	I	T	A	G
W	A	R	S	A	M	C	H	N	R	A	H	I
O	D	I	E	G	R	E	A	S	M	G	C	E
C	D	O	N	N	E	R	S	T	A	G	S	R
H	O	C	T	R	S	N	N	A	N	O	M	E
E	N	D	O	C	H	E	S	G	A	E	I	H

Wochenende

Mo	Di	Mi	Do	Fr	Sa	So
		Mittwoch				

1.2 Wie heißen die Tage in Ihren Sprachen? Schreiben Sie in 1.1.

1.3 Prüfung: Lesen. Sie möchten im Verein Fußball spielen. Welche Internetadresse passt? Kreuzen Sie an.

Fit SC
Fußballverein Fit SC hat Kurse für
Kinder und Jugendliche (bis 16 Jahre).
Anmeldung:
www.fitsc.example.com

Fortuna Reutlingen
Unser Verein hat Kurse für alle!
Trainieren Sie noch heute!
Anmeldung:
www.fortuna-reutlingen.example.org

a ☐ www.fitsc.example.com
b ☐ www.fortuna-reutlingen.example.org

1.4 Fußballverein Fortuna Reutlingen. Richtig oder falsch? Hören Sie. Kreuzen Sie an. richtig falsch

1. Der Fußballverein hat Kurse für Kinder, Frauen und Männer. ☐ ☐
2. Die Preise für Frauen sind sechs Euro und für Männer zehn Euro. ☐ ☐
3. Die Kurse sind in der Parkstraße 64. ☐ ☐

1.5 Wann sind die Kurse? Hören Sie weiter. Verbinden Sie.

1. Die Kinderkurse sind   a am Dienstagabend und am Donnerstagabend.
2. Die Frauenkurse sind   b am Mittwochnachmittag und am Freitagnachmittag.
3. Die Männerkurse sind   c am Montagabend und am Mittwochabend.

2 Ich komme auch.

2.1 Was passt? Ordnen Sie zu.

Das macht Spaß! • ~~Das ist interessant~~. • Ich weiß nicht. • Das ist langweilig.

Selma: Ich boxe jetzt. Im Verein! Habt ihr am Samstagnachmittag frei? Dann boxen wir zusammen. Kommt ihr?

André: Boxen? _Das ist interessant._ (1) Ich komme! Ich habe Zeit.

Fethi: Ich habe auch Zeit. Aber Boxen? _____ (2)

Selma: Ja! _____ (3)

Fethi: Denkst du? Ich mache am Samstag einen Spaziergang im Park.

André: Einen Spaziergang??? _____ (4)

2.2 Richtig oder falsch? Lesen Sie noch einmal. Kreuzen Sie an.

	richtig	falsch
1. André ist im Boxverein.	☐	☐
2. Fethi und André haben am Samstagnachmittag frei.	☐	☐
3. Fethi kommt am Samstagnachmittag nicht.	☐	☐
4. André findet: Spaziergänge sind langweilig.	☐	☐

Richtig schreiben

1 Kommst du auch?

Was passt: *ll*, *tt*, *mm* oder *ff*? Ergänzen Sie.

Natalie 10:23

Ha____o! Wie geht es dir? Ich tre____e am Freitag Freunde. Wir gri____en am Nachmi____ag.

Dann spielen wir auch Fußba____ im Park. Oder wir schwi____en im Schwimmbad.

Ko____st du auch?

2 Ich komme!

Kommen Sie? Schreiben Sie Natalie eine Antwort.

Schreiben Sie:
- Kommen Sie? Ja? Nein?
- Ja? Was machen Sie gerne: grillen, Fußball spielen, schwimmen?
- Nein? Was machen Sie am Freitagnachmittag?

Hallo, Natalie! ...

Alles klar?

1 Wortschatz

1.1 Wie heißen die Wochentage? Schreiben Sie. (2,5 Punkte)

Mo	Di	Mi	Do	Fr	Sa	So
Montag				Freitag		

1.2 Welche Verben sind hier? Markieren Sie. Ordnen Sie zu. (2,5 Punkte)

ANGHÖRENMLEMACHENLEBSLESENENTFAHRENTRSGEHEN

1. _____ Sie gerne Musik?
2. Wir _____ gerne Fahrrad.
3. _____ Sie gerne zur Arbeit?
4. Wir _____ ein Picknick im Park.
5. Die Kinder _____ gerne Bücher.

___/5 Punkte

0–3 Punkte? Bitte noch üben! ⊙

2 Grammatik

2.1 Wie ist die Frage? Schreiben Sie. (1 Punkt)

1. 💬 _____, Frau Schumacher?
   🟢 Ja, ich habe heute Zeit.

2. 💬 _____, Herr Hamadi?
   🟢 Nein, ich wohne nicht in München.

2.2 Ergänzen Sie. (4 Punkte)

1. Ich _____ gerne italienisch. Mein Mann _____ nicht gern italienisch. *(essen)*
2. Marouf _____ gern Fahrrad. _____ du auch gern Fahrrad? *(fahren)*
3. Wir _____ gern. Tine _____ nicht gern. Sie fährt Fahrrad. *(laufen)*
4. Ich _____ gern. _____ du auch gern? *(lesen)*

___/5 Punkte

0–3 Punkte? Bitte noch üben! ⊙

3 Kommunikation

🔊 1.47

Welche Antwort passt? Hören Sie. Kreuzen Sie an. (10 Punkte)

1. ☐ Nein, ich schwimme am Mittwoch.   ☐ Ja, ich schwimme gern.
2. ☐ Das ist interessant!   ☐ Nein, danke.
3. ☐ Ja, ich habe Zeit.   ☐ Das macht Spaß!
4. ☐ Ach nein, nicht so gern.   ☐ Ach, schade!
5. ☐ Ja, ich komme auch!   ☐ Nein, ich habe heute keine Zeit.

___/10 Punkte

0–6 Punkte? Bitte noch üben! ⊙

6 Arbeitszeiten

A Ich habe um zehn Uhr Feierabend.

die Uhr, Uhren

nach: fünf nach neun

vor: fünf vor neun

Viertel nach: Viertel nach neun

Viertel vor: Viertel vor neun

halb: halb neun

dort

die Küche, Küchen

das Essen (Sg.)

der Kollege, Kollegen

die Kollegin, Kolleginnen

die Pause, Pausen

die Mittagspause, Mittagspausen

beginnen

nach Hause

der Feierabend (Pl. selten)

um: um neun Uhr

Wie spät ist es? / Wie viel Uhr ist es?

Es ist zwei Uhr / halb drei / …

Die Pause beginnt um halb zwei.

Ich habe um 17 Uhr Feierabend.

1 Wie viel Uhr ist es?

1.1 Was passt? Ordnen Sie zu.

1    2    3

fünf nach •
fünf vor •
fünf nach halb •
fünf vor halb •
zwanzig nach •
zwanzig vor •
Viertel nach •
Viertel vor •
halb

4 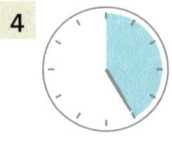   5 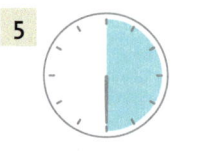   6

7 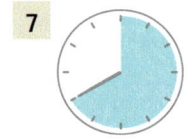   8    9

1.2 Wie spät ist es? Schreiben Sie.

Es ist

1.3 Wie spät ist es in …? Fragen Sie und antworten Sie wie im Beispiel.

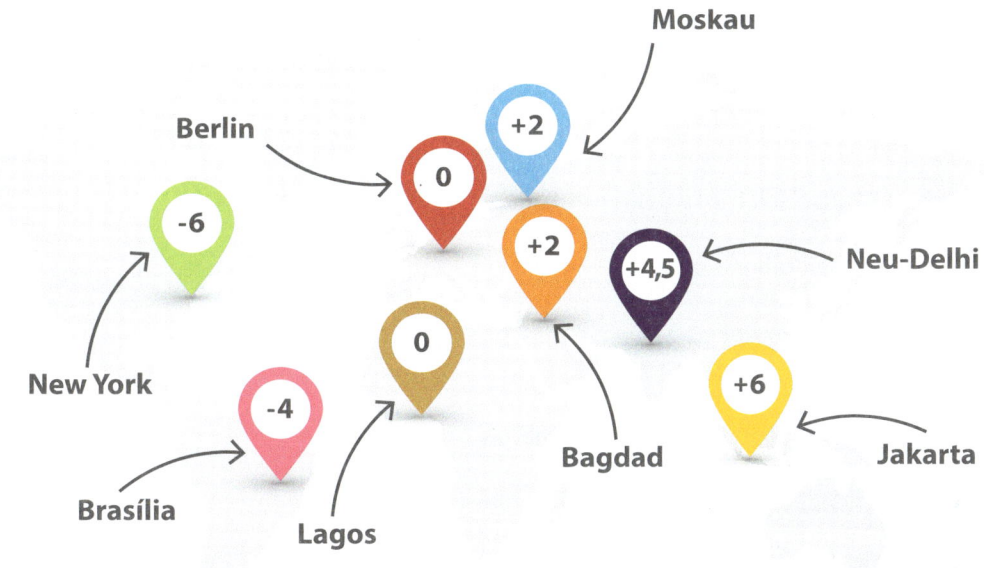

💬 Es ist 8 Uhr in Berlin. Wie spät ist es in Moskau?   💬 Es ist in Moskau 10 Uhr am Morgen.

1.4 Prüfung: Hören. Wie viel Uhr ist es? Hören Sie. Kreuzen Sie an.

1. Wie viel Uhr ist es?

a ☐ Zwanzig vor eins.   b ☐ Fünf nach halb eins.   c ☐ Zwanzig nach eins.

2. Wie spät ist es?

a ☐ Viertel vor vier.   b ☐ Zwanzig nach vier.   c ☐ Viertel nach vier.

6

2 Wann? Um halb zehn.

2.1 Was passt? Ordnen Sie zu.

gehen • haben (2x) • kochen • putzen • surfen

1. Pause _____
2. das Essen _____
3. die Küche _____
4. im Internet _____
5. Feierabend _____
6. nach Hause _____

2.2 Was passt? Ergänzen Sie die Verben aus 2.1.

Ich heiße Tina Ruiz und ich arbeite am Wochenende als Köchin. Meine Arbeit beginnt am Samstag um elf Uhr: Ich _____ (1) am Vormittag das Essen und ich _____ (2) dann die Küche. Ich _____ (3) um Viertel vor vier Pause. Ich trinke dann mit Kollegen Kaffee. Ich _____ (4) um neun Uhr Feierabend und ich _____ (5) dann nach Hause. Ich _____ (6) am Abend gerne ein bisschen im Internet.

2.3 Markieren Sie *am* und *um* in 2.2. Ergänzen Sie.

1. _____ Wochenende
2. _____ Samstag
3. _____ Vormittag
4. _____ Abend
5. _____ Viertel vor vier
6. _____ neun Uhr

2.4 Wann? Sprechen Sie zu zweit wie im Beispiel.

kochen • Deutsch lernen • Hausaufgaben machen • Sport machen • ein Buch lesen • Kaffee trinken • frühstücken • ...

💬 Wann kochst du immer?   💬 Ich koche immer am Abend um 18 Uhr.

3 Der Kurs beginnt um ...

Schreiben Sie Antworten. Sprechen Sie zu zweit. Tauschen Sie dann die Rollen.

💬 Wann beginnt Ihr Deutschkurs?

💬 _____

💬 Wann beginnt die Pause?

💬 _____

💬 Wann gehen Sie nach Hause?

💬 _____

💬 Wann sind Sie zu Hause?

💬 _____

B Karim macht das Licht an.

auf|machen _____
zu|machen _____
ein|kaufen _____
an|machen _____
aus|machen _____
an|ziehen _____
aus|ziehen _____
auf|räumen _____
vor|bereiten _____
an|rufen _____

die Arbeitskleidung (Sg.) _____
das Licht, Lichter _____
der Supermarkt, Supermärkte _____
_____
das Paket, Pakete _____
ab|holen _____
spät _____
auf|stehen _____
das Geschäft, Geschäfte _____
geschlossen _____

1 Was macht …?

1.1 Was machen die Personen? Ordnen Sie zu.

die Küche • ~~das Essen~~ • einen Freund • die Arbeitskleidung • das Licht • die Tür

anmachen • anrufen • anziehen • aufmachen • aufräumen • ~~vorbereiten~~

1 Jurij

2 Lisa

3 Elena

das Essen vorbereiten

4 Luna

5 Hamid

6 Marena

2 Chiara räumt zu Hause auf.

2.1 Was macht Chiara am Samstag? Lesen Sie. Schreiben Sie ganze Sätze.

Chiara schläft am Samstag nicht sehr lange. Sie räumt am Vormittag zu Hause auf. Sie kauft um zwölf Uhr ein. Sie putzt am Nachmittag die Küche. Dann macht sie Pause. Sie hört ein bisschen Musik und sie trinkt noch einen Kaffee. Sie ruft um fünf Uhr ihre Schwester an. Ihre Schwester kommt am Abend. Sie bereiten zusammen das Essen vor. Ihre Freunde Lana und Michel kommen später. Alle essen zusammen.

1. Was macht Chiara am Vormittag? — *Sie räumt zu Hause auf.*
2. Wann kauft Chiara ein? — *Sie*
3. Wann ruft sie ihre Schwester an?
4. Was bereiten sie zusammen vor?

2.2 Markieren Sie die Verben in 2.1. Schreiben Sie die Fragen und die Antworten.

	Position 2		Satzende
1. Was	macht	Chiara am Vormittag?	
Sie	räumt	zu Hause	auf.
2. Wann			
3.			
4.			

2.3 Phonetik: Wortakzent. Hören Sie. Sprechen Sie nach.

anziehen – **an**rufen – **auf**machen – **auf**räumen – **ein**kaufen – **vor**bereiten

2.4 Wo ist der Wortakzent? Hören Sie. Markieren Sie.

anrufen – Ich rufe an.

aufräumen – Ich räume auf.

einkaufen – Ich kaufe ein.

2.5 Hören Sie. Sprechen Sie nach.

einkaufen

Ich kaufe ein.

Ich kaufe Lebensmittel ein.

Ich kaufe im Supermarkt Lebensmittel ein.

Ich kaufe am Vormittag im Supermarkt Lebensmittel ein.

2.6 Was passt? Ordnen Sie zu.

anmachen • anziehen • aufmachen • ausmachen • ausziehen • zumachen

1. Marena _____ am Morgen die Arbeitskleidung _____.
2. Sie _____ am Abend die Arbeitskleidung _____.
3. Sie _____ am Morgen die Tür _____.
4. Sie _____ am Abend die Tür _____.
5. Sie _____ am Morgen das Licht _____.
6. Sie _____ am Abend das Licht _____.

2.7 Welches Verb passt? Ergänzen Sie. Die Wortliste auf Seite 65 hilft.

1. Ich _____ am Abend meine Eltern _____.
2. Max _____ heute im Supermarkt _____.
3. Chaleb _____ morgen die Küche _____.
4. Frau Schneider _____ am Nachmittag das Essen _____.

Wiederholung: Ja-/Nein-Fragen. Schreiben Sie Fragen mit *gerne*.

Kaffee trinken • Deutsch lernen • Fahrrad fahren • lange schlafen • Bücher lesen • Musik hören • Sport machen • kochen

1. *Trinkst du gerne Kaffee?*
2. _____
3. _____
4. _____
5. _____
6. _____
7. _____
8. _____

2.8 Lesen Sie die Antworten. Schreiben Sie Fragen.

Position 1			Satzende	
1. *Räumst*	*du*	*gerne*	*auf?*	Ja, ich räume gerne auf.
2.				Ja, ich mache das Radio an.
3.				Ja, ich mache das Handy aus.
4.				Nein, ich kaufe nicht oft ein.
5.				Ja, ich rufe den Kollegen an.

3 Was macht Mariem?

3.1 Was passt? Verbinden Sie.

1. spät
2. im Geschäft
3. ein Paket
4. das Handy
5. zu Hause

a abholen
b aufstehen
c einkaufen
d aufräumen
e ausmachen

🔊 1.52 **3.2 Diktat. Hören Sie. Schreiben Sie. Sie hören den Text zweimal.**

Mariem ist Ärztin von Beruf . Sie arbeitet viel, aber nicht am Wochenende.

Sie _____ am Samstag im Geschäft _____ . (1) Sie _____

dann ein Paket _____ (2) und sie _____ zu Hause _____ . (3)

Der Sonntag ist ihr Lieblingstag: Sie _____ sehr spät _____ . (4)

Sie _____ das Handy _____ (5), sie trinkt dann lange Kaffee und

sie liest ein Buch.

C Wann fängt die Frühschicht an?

auf|hören _____

glauben _____

der Dienstplan, Dienstpläne _____

die Frühschicht *(Pl. selten)* _____

die Spätschicht *(Pl. selten)* _____

die Nachtschicht *(Pl. selten)* _____

der Urlaub *(Pl. selten)* _____

von _____

bis _____

fragen _____

der Arbeitstag, Arbeitstage _____

die Aufgabe, Aufgaben _____

die Arbeitszeit, Arbeitszeiten _____

suchen _____

pro: pro Woche _____

der Schichtdienst *(Pl. selten)* _____

an|fangen _____

die Rezeption, Rezeptionen _____

kontrollieren _____

der Ausweis, Ausweise _____

schließen _____

manchmal _____

Ich arbeite im Schichtdienst.

Die Frühschicht geht von … bis …

Die Spätschicht fängt um … an.

Die Nachtschicht hört um … auf.

Ich habe um … / von … bis … Pause.

6

1 Ich habe am Montag Nachtschicht.

1.1 Richtig oder falsch? Lesen Sie. Kreuzen Sie an.

Altenpflegeservice Simazek				Dienstplan			
	Mo	Di	Mi	Do	Fr	Sa	So
Frühschicht 7:00–13:30	J. Torres E. Sand	J. Torres A. Brod	L. Weber A. Brod	J. Torres L. Weber	L. Weber O. Schmitt	L. Weber O. Schmitt	L. Weber E. Okoye
Spätschicht 13:00–22:30	M. Bai E. Okoye	M. Bai E. Okoye	E. Sand E. Okoye	E. Okoye A. Brod	J. Torres A. Brod	A. Brod E. Sand	A. Brod E. Sand
Nachtschicht 22:00–7:00	O. Schmitt	O. Schmitt	M. Bai	M. Bai	M. Bai	M. Bai	J. Torres
Urlaub	L. Weber	L. Weber			E. Okoye	E. Okoye	

	richtig	falsch
1. Olga Schmitt arbeitet am Montagmorgen	☐	☐
2. Sie arbeitet am Wochenende.	☐	☐
3. Sie hat am Donnerstag frei.	☐	☐
4. Sie arbeitet am Freitag mit Anna Brod.	☐	☐

1.2 Wann arbeitet Olga Schmitt? Hören Sie. Korrigieren Sie in 1.1.

1.3 Wie spät ist es? Schreiben Sie.

Viertel vor eins • ~~Viertel nach acht~~ • zwölf Uhr • fünf vor halb sieben • fünf nach zwei

~~am Morgen~~ • am Abend • am Mittag • am Nachmittag • in der Nacht

1. `8:15`   Es ist Viertel nach acht am Morgen.
2. `14:05` _____
3. `18:25` _____
4. `00:45` _____
5. `12:00` _____

1.4 Lesen Sie noch einmal in 1.1. Schreiben Sie Antworten.

1. Wann hat Jay Torres Nachtschicht? _____
2. Von wann bis wann hat Mara Bai Nachtschicht? _____
3. Wann hat Eric Okoye Spätschicht? _____
4. Von wann bis wann geht die Spätschicht? _____
5. Wann hört die Frühschicht auf? _____
6. Wann hat Anna Brod am Donnerstag Feierabend? _____

2 Wir suchen Verkäuferinnen und Verkäufer.

2.1 Wo ruft Frau Wong an? Hören Sie. Kreuzen Sie an.

1 ☐ Hill-Markt
Supermarkt sucht Verkäuferinnen und Verkäufer!
Montag bis Samstag
7 bis 22 Uhr

2 ☐ Lebensmittel Hill
Wir suchen Verkäufer/-innen!
Am Wochenende:
Frühschicht und Spätschicht

2.2 Richtig oder falsch? Hören Sie noch einmal. Kreuzen Sie an.   richtig   falsch

1. Die Frühschicht ist von 7 bis 15 Uhr.   ☐ ☐
2. Die Spätschicht ist von 15 bis 22:30 Uhr.   ☐ ☐
3. Der Supermarkt schließt um 23 Uhr.   ☐ ☐

3 Wie arbeiten Sie?

Was passt? Verbinden Sie.

1. Was machen Sie beruflich?
2. Was machen Sie?
3. Arbeiten Sie auch am Wochenende?
4. Wann fangen Sie an?
5. Von wann bis wann haben Sie Pause?
6. Und wann haben Sie Feierabend?

a Die Arbeit beginnt am Abend um 18 Uhr.
b Ja, ich arbeite manchmal am Samstag.
c Ich arbeite als Lagerist.
d Um 23 Uhr. Dann gehe ich nach Hause.
e Am Abend von 20 bis 20:15 Uhr.
f Ich kontrolliere die Regale.

Richtig schreiben

1 Stimmt! Es ist schon spät!

1.1 Was passt: *st* oder *sp*? Hören Sie. Ergänzen Sie.

1. _____ ät   2. _____ immt!   3. _____ aß   4. _____ ort   5. _____ raße   6. _____ uhl

1.2 Hören Sie. Schreiben Sie.

1. Ich _____ auf.
2. Ich habe _____ .
3. Ich _____ .
4. Ich _____ Tischtennis.

2 Der Arbeitstag von Mauricio Waltermann

Was macht Mauricio beruflich? Was sind seine Aufgaben? Wie sind die Arbeitszeiten? Schreiben Sie.

Mauricio Waltermann

Automechatroniker

Aufgaben: Autos kontrollieren/reparieren
Arbeitszeiten: Mo–Fr, 7–16 Uhr
Pause: 12–13 Uhr

Mauricio ist Automechaniker von Beruf. Er …

Alles klar?

1 Wortschatz

1.1 Was passt? Ordnen Sie zu. (3 Punkte)

abholen • anziehen • ausmachen • aufstehen • einkaufen • zumachen

1. im Geschäft _____
2. ein Paket _____
3. spät _____
4. die Tür _____
5. das Licht _____
6. die Arbeitskleidung _____

1.2 Was ist das Gegenteil? Schreiben Sie. (2 Punkte)

1. zumachen – _____
2. anziehen – _____
3. ausmachen – _____
4. anfangen – _____

_____ /5 Punkte

0–3 Punkte? Bitte noch üben! ◉

2 Grammatik

Was machen Sie heute? Schreiben Sie. (5 Punkte)

1. spät aufstehen: _____
2. die Küche aufräumen: _____
3. einen Freund anrufen: _____
4. im Supermarkt einkaufen: _____
5. das Essen vorbereiten: _____

_____ /5 Punkte

0–3 Punkte? Bitte noch üben! ◉

3 Kommunikation

Die Woche von Latifa Ahrar. Schreiben Sie fünf Fragen und Antworten. (10 Punkte)

Montag	Dienstag	Mittwoch	Donnerstag	Freitag	Samstag
17:00	8:00–13:45	9:00–12:30	9:00–12:30	9:00–12:30	10:00 putzen
Paket abholen	arbeiten	Deutsch lernen	Deutsch lernen	Deutsch lernen	16:00 einkaufen

1. *Wann* _____
2. *Von wann bis wann* _____
3. _____
4. _____
5. _____

_____ /10 Punkte

0–6 Punkte? Bitte noch üben! ◉

Wichtige Wörter

1 Was machen sie?

1.1 Was machen die Personen auf den Fotos? Schreiben Sie.

1.2 Hören Sie. Kontrollieren Sie.

1.3 Was macht Hamad heute? Wann? Hören Sie. Schreiben Sie.

1. am Vormittag: _____
2. am Nachmittag: _____
3. am Abend: _____
4. in der Nacht: _____

1.4 Was machen Sie am …? Sprechen Sie zu zweit.

💬 Was machst du am Morgen?   🟢 Ich dusche und ich gehe dann zur Arbeit.

2 Was machen Sie gerne?

Arbeiten Sie zu dritt. Was machen Sie gerne? Was machen alle gerne? Sprechen Sie. Zeichnen Sie ein Dreieck. Schreiben Sie wie im Beispiel.

🗨 Ich lese gerne. Und du, Saida?

🗨 Ich lese auch gerne. Du auch, Ismail?

🗨 Ich lese nicht so gerne. Aber ich höre gerne Musik. Ihr auch?

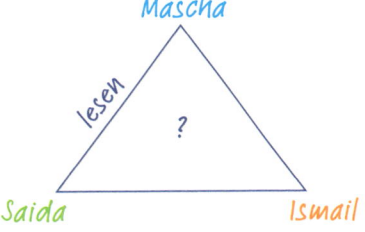

dreiundsiebzig 73

Prüfungstraining

1 Lesen Teil 2 (Start A1) / Lesen Teil C (telc A1)

1.1 Welche Informationen sind wichtig? Lesen Sie. Markieren Sie.

Sie spielen gern Fußball. Sie haben am Montagabend oder am Dienstagabend Zeit.

1.2 Wo finden Sie die Informationen? Lesen Sie. Markieren Sie. Welche Internetadresse passt? Kreuzen Sie an.

Fußballverein Fortuna
Spielen Sie gern Fußball? Wir auch!
Dienstag 19-21 Uhr, Samstag 15 Uhr
www.fv-fortuna.example.com

Fußballclub „11" – Der Verein für alle!
– Montag und Mittwoch 16:30-18:00 Uhr
– Sonntag 10:30 Uhr
www.fußballclub11.example.com

a ☐ www.fv-fortuna.example.com
b ☐ www.fußballclub11.example.com

1.3 Bereit? Lesen Sie die Tipps.
Lösen Sie die Prüfungsaufgabe.

Lesen Sie die Situation. Was ist wichtig? Markieren Sie.
Lesen Sie die Texte. Wo finden Sie die Informationen? Markieren Sie.
Welche Internetadresse passt? Kreuzen Sie an.
Kreuzen Sie immer eine Antwort an.

Und jetzt wie in der Prüfung! ···

Welche Internetadresse passt? Kreuzen Sie an.

1. Sie spielen gerne Basketball. Sie haben am Wochenende oder am Dienstag Zeit.

Basketballverein „Jordan"
Spielen Sie gerne Basketball? Wir auch!
Jeden Montag und Mittwoch ab 18:30 Uhr
www.bv-jordan.example.com

Unsere Sportkurse für Sie!
Dienstag 16 Uhr: Basketball
Mittwoch und Freitag 19 Uhr: Tischtennis
www.sportkurse.example.com

a ☐ www.bv-jordan.example.com
b ☐ www.sportkurse.example.com

2. Sie lernen Deutsch und Sie treffen gerne Leute.

Die internationale Bibliothek hat
Bücher auf Englisch, Spanisch, Deutsch,
Türkisch, Chinesisch und Arabisch
Mehr Infos: **www.i-bi.example.com**

Kaffee trinken und Deutsch sprechen?
Jeden Mittwoch 18:30-21:00 Uhr
im Sprachcafé Babel:
www.sprachcafé-babel.example.com

a ☐ www.i-bi.example.com
b ☐ www.sprachcafé-babel.example.com

3. Sie sehen gerne Filme aus Indien.

Restaurant Bollywood
Original indisches und pakistanisches Essen
in der Anna-Klug-Straße 20!
www.restaurantbollywood.example.com

Kino am Zoo
Jeden Montag Filme aus Asien und Indien
Programm hier:
www.kinoamzoo.example.com

a ☐ www.restaurantbollywood.example.com
b ☐ www.kinoamzoo.example.com

2 Hören Teil 3 (Start A1)

2.1 **Was passt? Hören Sie. Verbinden Sie.**

1. Um halb zwei ...
2. Um zwei Uhr ...
3. Um Viertel nach zwei ...

a hat Lea frei.
b hat Lea keine Zeit.
c trifft Lea ihre Freundin.

2.2 **Was ist richtig? Hören Sie noch einmal. Kreuzen Sie an.**

Wann trifft Lea ihre Freundin?

a ☐ Um zwei Uhr.
b ☐ Um halb zwei.
c ☐ Um Viertel nach zwei.

2.3 **Hören Sie noch einmal. Kontrollieren Sie.**

2.4 **Bereit? Lesen Sie die Tipps. Lösen Sie die Prüfungsaufgabe.**

Lesen Sie die Frage und die Antworten genau.
Hören Sie genau: Welche Information passt zur Frage?
Kreuzen Sie diese Antwort an.
Kontrollieren Sie Ihre Antwort beim zweiten Hören.
Kreuzen Sie immer eine Antwort an.

Und jetzt wie in der Prüfung!

Was ist richtig? Hören Sie. Kreuzen Sie an. Sie hören die Texte zweimal.

1. Was macht Elias morgen Nachmittag?
   a ☐ Tanzen.
   b ☐ Schwimmen.
   c ☐ Ein Picknick.

2. Wann hat der Zoo geschlossen?
   a ☐ Am Wochenende.
   b ☐ Am Montag.
   c ☐ Am Sonntag.

3. Wann ist Jamila zu Hause?
   a ☐ Um sechs Uhr.
   b ☐ Um Viertel nach fünf.
   c ☐ Um halb sechs.

4. Wann hat Herr Büchner frei?
   a ☐ Am Freitag.
   b ☐ Am Samstag.
   c ☐ Am Sonntag.

5. Was ist kaputt?
   a ☐ Das Auto.
   b ☐ Das Handy.
   c ☐ Das Fahrrad.

7 Essen

A Ich esse gern Fisch.

der Apfel, Äpfel
die Birne, Birnen
die Tomate, Tomaten
der Salat, Salate
das Fleisch *(Sg.)*
das Hähnchen, Hähnchen
der Fisch, Fische
der Reis *(Sg.)*
die Nudeln *(Pl.)*
das Brot, Brote
das Wasser *(Pl. selten)*
der Saft, Säfte
der Wein, Weine
das Bier, Biere
die Ananas, Ananas
anderes: etwas anderes
das Ei, Eier

das Gemüse *(Pl. selten)*
das Getränk, Getränke
der Käse *(Pl. selten)*
das Lammfleisch *(Sg.)*
mit: Brot mit Wurst
mögen
das Obst *(Sg.)*
die Paprika, Paprika(s)
das Rindfleisch *(Sg.)*
das Schweinefleisch *(Sg.)*
die Wurst, Würste
zum Beispiel

Was isst/trinkst du gern?
Ich esse/trinke gern …
Ich mag zum Beispiel …
Ich esse/mag keinen Fisch / …

1 Was isst du gern?

1.1 Wie heißen die Lebensmittel? Schreiben Sie.

1. *das*
2.
3.
4.
5.
6.

1.2 Richtig oder falsch? Lesen Sie. Kreuzen Sie an.

Ling

Ich esse gern Obst. Ich mag zum Beispiel Äpfel und Birnen. Ananas finde ich nicht so lecker. Und was trinke ich gern? Bier und Wein trinke ich nicht. Ich trinke oft nur Wasser, aber manchmal auch Tee. Ich trinke gern Tee.

Tugay

Ich trinke am Tag oft Kaffee. Ich mag Kaffee sehr. Ich trinke am Abend aber Saft. Zu Hause essen wir oft Reis mit Hähnchen und Gemüse. Ich esse nicht so gern Fleisch. Ich mag Fisch. Wir essen aber leider nicht so oft Fisch.

	richtig	falsch
1. Ling isst gern Ananas.	☐	☐
2. Sie trinkt manchmal Wein.	☐	☐
3. Tugay trinkt gern Kaffee.	☐	☐
4. Er isst gern Fleisch.	☐	☐

1.3 Lesen Sie die Antworten. Schreiben Sie Fragen.

1. 💬 _Isst du_ _____   🟢 Ja, ich esse sehr gern Äpfel.

2. 💬 _____   🟢 Ja, Lara trinkt gerne Saft.

3. 💬 _____   🟢 Nein, wir essen nicht oft Fisch.

2 Wir essen gern Fleisch mit Reis.

2.1 Was kocht Amara? Hören Sie. Kreuzen Sie an.
- ☐ Reis mit Schweinefleisch, Ei und Tomaten
- ☐ Reis mit Rindfleisch, Ei und Paprika
- ☐ Reis mit Rindfleisch, Ei und Tomaten

2.2 Was mögen die Personen (nicht)? Hören Sie noch einmal. Verbinden Sie.

1. Simon mag — b Eier.
2. Simon mag keine   a Rindfleisch.
3. Greta mag kein   c Wein.
4. Greta isst gern   d Paprika.
5. Simon und Greta mögen keinen   e Saft.
6. Simon und Greta trinken gern   f Schweinefleisch.

2.3 Ergänzen Sie mögen.

mögen			
ich	_mag_	wir	_____
du	_____	ihr	_____
er/es/sie	_____	sie/Sie	_____

2.5 Ergänzen Sie *mögen*.

1. 💬 Helen, _____ du Bier? 💬 Nein, nicht so gern, aber ich _____ Wein.

2. 💬 Liest Samson gern? 💬 Ja, er _____ die Bücher von Rafik Schami.

3. 💬 _____ ihr Fisch mit Reis? 💬 Ja, lecker!

4. 💬 Hört ihr gerne Musik? 💬 Ja, wir _____ Musik sehr!

2.6 Ergänzen Sie.

1. Paula und Karim, was _____ ihr gern? *(essen)*

2. Wir _____ am Morgen oft Kaffee. *(trinken)*

3. _____ ihr Lammfleisch? *(mögen)*

4. Makiko _____ Fisch, aber ich nicht. _____ du Fisch? *(mögen, essen)*

5. Frau Li, _____ Sie Kaffee? Oder _____ Sie am Abend keinen Kaffee? *(mögen, trinken)*

6. Wir _____ Fleisch, aber wir _____ kein Schweinefleisch. *(mögen, essen)*

Wiederholung: Akkusativ. Was passt: *kein*, *keine* oder *keinen*? Ergänzen Sie. Die Wortliste auf Seite 76 hilft.

1. Maya trinkt _____ Kaffee. Sie trinkt nur Tee.

2. Wir haben noch Saft. Wir brauchen _____ Saft.

3. Soraya und Finn essen _____ Fleisch. Sie essen nur Gemüse.

4. Cem isst gerne Gemüse, aber er mag _____ Paprika.

5. Ich esse gern Obst, aber ich mag _____ Äpfel.

2.7 Was mögen Sie (nicht)? Sprechen Sie zu zweit. Kreuzen Sie für Ihre Partnerin / Ihren Partner an.

😀 ☐ 🙁 ☐ Wurst	😀 ☐ 🙁 ☐ Tomaten	😀 ☐ 🙁 ☐ Bier
😀 ☐ 🙁 ☐ Käse	😀 ☐ 🙁 ☐ Ananas	😀 ☐ 🙁 ☐ Wein
😀 ☐ 🙁 ☐ Rindfleisch	😀 ☐ 🙁 ☐ Eier	😀 ☐ 🙁 ☐ anderes:
😀 ☐ 🙁 ☐ Schweinefleisch	😀 ☐ 🙁 ☐ Kaffee	_____
😀 ☐ 🙁 ☐ Brot	😀 ☐ 🙁 ☐ Wasser	_____

💬 Latifa, isst du gern Wurst?
💬 Nein, ich mag keine Wurst. Ich esse aber gerne Käse.

2.8 Was mag Ihre Partnerin / Ihr Partner? Schreiben Sie.

Latifa mag keine Wurst. Sie isst gerne ...

B Was essen wir gern?

beliebt

das Brötchen, Brötchen

gesund

die Kartoffel, Kartoffeln

(das) Kilo(gramm) (kg), Kilo(gramm)

lieber

man

die Person, Personen

vegan

vegetarisch

die Butter *(Sg.)*

das Öl *(Pl. selten)*

der Pfeffer *(Sg.)*

das Salz *(Pl. selten)*

die Flasche, Flaschen

(das) Gramm (g), Gramm

(der) Liter (l), Liter

das Stück, Stücke

Man isst/trinkt in Deutschland …

Wie viel / Was kostet das?

Das kostet … Euro.

Das kenne ich nicht. Das sieht aber lecker aus.

Das kenne ich. Das mag ich auch.

Das esse ich auch gern.

1 Was isst man in Deutschland gern?

1.1 Was ist richtig? Hören Sie. Kreuzen Sie an.

	richtig	falsch
1. Frau Stieler ist Köchin.	☐	☐
2. Viele Menschen in Deutschland essen vegan.	☐	☐
3. Herr Makese isst gern Nudeln.	☐	☐
4. Brot ist in Deutschland sehr beliebt.	☐	☐
5. Herr Makese isst gesund.	☐	☐

1.2 Was und wie viel ist gesund? Hören Sie noch einmal. Ergänzen Sie.

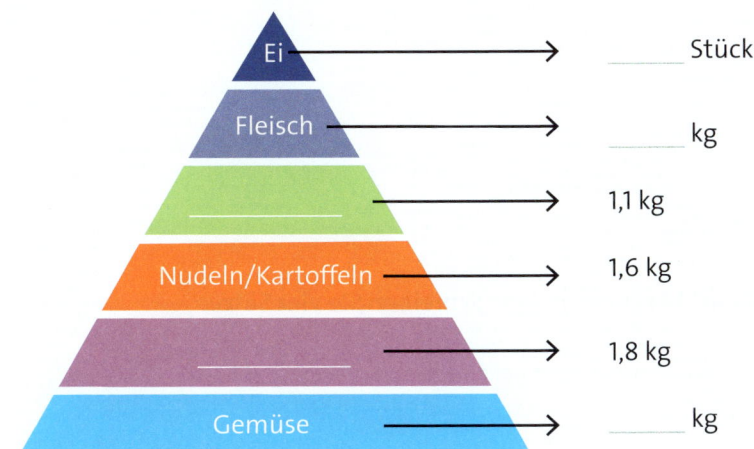

1.3 Was essen Sie, Ihre Freunde oder Ihre Familie gern? Was noch lieber? Schreiben Sie.

*Ich esse gerne Brot mit Käse. Aber ich esse noch lieber Brot mit Wurst.
Meine Schwester isst gerne ...*

1.4 Schreiben Sie Antworten. Sprechen Sie zu zweit. Tauschen Sie dann die Rollen.

💬 Woher kommen Sie?

💬 _____

💬 Was isst man dort gerne?

💬 _____

💬 Und Sie? Was essen Sie gerne?

💬 _____

💬 Was essen Sie noch lieber?

💬 _____

💬 Essen Sie manchmal vegan oder vegetarisch?

💬 _____

2 Und was trinkt man in Deutschland?

2.1 Was trinkt man in Deutschland? Sprechen Sie zu zweit.

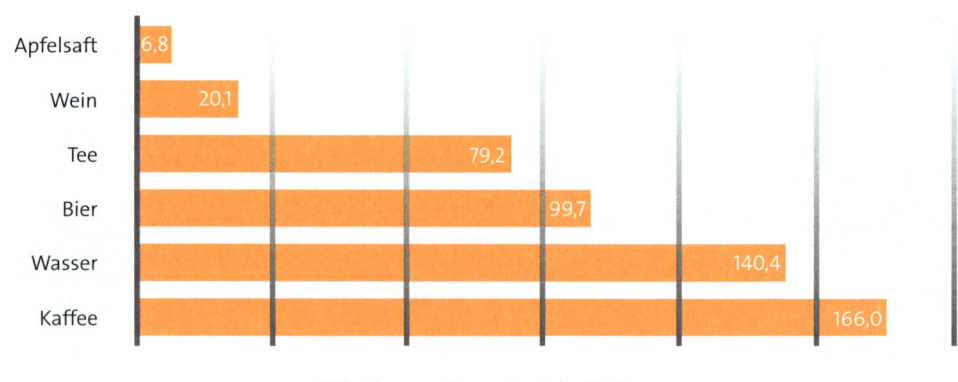

Was trinkt man in Deutschland?

- Apfelsaft: 6,8
- Wein: 20,1
- Tee: 79,2
- Bier: 99,7
- Wasser: 140,4
- Kaffee: 166,0

in Liter pro Person im Jahr 2019

(Datenquelle: Statistisches Bundesamt, de.statista.com)

💬 Wie viel Liter Apfelsaft trinkt man in Deutschland?
💬 Man trinkt pro Person ... Liter im Jahr.

2.2 Was trinkt man gern in Deutschland? Was noch lieber? Schreiben Sie vier Sätze.

In Deutschland trinkt man gerne ... Man trinkt aber noch lieber ...

3 Wir brauchen Fisch.

3.1 Was passt? Kreuzen Sie an.

1. 1,5 kg ☐ Kartoffeln ☐ Wasser
2. 250 g ☐ Öl ☐ Lammfleisch
3. 1 Stück ☐ Käse ☐ Pfeffer
4. 1 Liter ☐ Wasser ☐ Salz
5. 1 Flasche ☐ Butter ☐ Öl

3.2 Was brauchen Sie? Wie viel? Schreiben Sie wie im Beispiel.

Kartoffeln	3,30 €/1 kg	Wein	6,80 €/Flasche 0,75 l
Reis	2,90 €/1 kg	Ananas	2,90 €/Stück
Hähnchen	3,80 €/500 g	Öl	3,70 €/1 l
Fisch	7,30 €/500 g	Pfeffer	3,50 €/50 g

– 2 kg Kartoffeln
– 250g Hähnchen
– ...

3.3 Was kosten Ihre Lebensmittel aus 3.2? Fragen Sie und antworten Sie. Tauschen Sie dann die Rollen.

💬 Ich brauche zwei Kilo Kartoffeln. Was kostet das?   💬 Zwei Kilo kosten 6,60 Euro.

3.4 Prüfung: Hören. Was ist richtig? Hören Sie. Kreuzen Sie an.

1. Was kauft die Frau?

 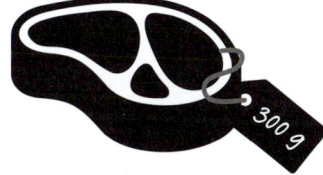 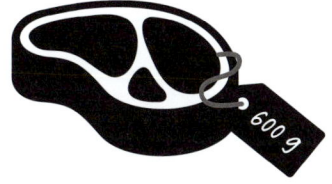

a ☐ 200 g Rindfleisch.   b ☐ 300 g Rindfleisch.   c ☐ 600 g Rindfleisch.

2. Was kostet der Salat?

a ☐ Drei Euro fünfundneuzig.   b ☐ Ein Euro fünfundzwanzig.   c ☐ Zwei Euro siebzig.

3.5 Phonetik: lang und kurz. Hören Sie. Sprechen Sie nach.

1. lang: vier – zehn – das Brot – ein Kilo – das Bier – hier – der Salat
2. kurz: sechs – sechzig – acht – achtzig – bitte – kosten – die Flasche

3.6 Lang oder kurz? Hören Sie. Sprechen Sie nach.

1. 💬 Was kostet das Brot? 💬 Das Brot kostet vier Euro sechzig.
2. 💬 Was kostet der Salat? 💬 Der Salat kostet zwei Euro achtzig.
3. 💬 Zehn Flaschen Bier, bitte. 💬 Hier sind zehn Flaschen.

7

4 Das mag ich auch.

Welche Antwort passt? Hören Sie. Kreuzen Sie an.

1. a ☐ Das kenne ich! Das mag ich auch.
   b ☐ Wir brauchen Eier und Butter.
2. a ☐ Eine Flasche kostet 4,20 €.
   b ☐ Ich trinke lieber Bier.
3. a ☐ Das kenne ich nicht. Ist das lecker?
   b ☐ Ich esse auch gerne Gemüse.
4. a ☐ Ich esse gern Brot mit Käse.
   b ☐ In Deutschand isst man gern Brot.

C Ich hätte gern einen Kaffee.

die Bäckerei, Bäckereien

der Gemüseladen, Gemüseläden

der Laden, Läden

der Markt, Märkte

die Milch *(Sg.)*

ohne: Kaffee ohne Milch

der Zucker *(Sg.)*

der Schinken, Schinken

der Kunde, Kunden

die Kundin, Kundinnen

machen: Das macht 2 Euro.

möchte-

der Wunsch, Wünsche

(der) Cent, Cent

etwas

(der) Moment: Moment, bitte!

zurück

Guten Tag, was möchten Sie?

Ich hätte gern … / Ich möchte …

Gerne. Bitte schön. Noch etwas?

Haben Sie noch einen Wunsch?

Nein, das ist alles.

Das macht dann … Euro und … Cent.

1 Ich hätte gern …

1.1 Wo kaufen Sie das? Schreiben Sie.

in der Bäckerei • im Gemüseladen • am Kiosk • auf dem Markt • im Supermarkt

1  2  3  4  5

1. Ich kaufe Pizza immer …

1.2 Was passt: *mit* oder *ohne*? Ergänzen Sie.

1. Ich hätte gern einen Kaffee _____ Milch, bitte. Ich mag keine Milch.

2. Der Salat ist nicht vegan. Er ist _____ Käse und Ei.

3. Nhi isst vegetarisch. Sie kocht Nudeln _____ Fleisch, aber _____ viel Gemüse.

2 Was möchten Sie?

2.1 Was ist richtig? Lesen Sie. Kreuzen Sie an.

Steph 11:53 Ich bin jetzt in der Bäckerei und kaufe Brot. Sie haben hier aber auch Brötchen mit Schinken, Käse und Ei! Möchtet ihr ein Brötchen? @Mara: Sie haben auch vegane Brötchen!

Mara 11:57 Toll! Flo und ich möchten zwei Brötchen! Ich möchte ein Brötchen mit Salat und Tomaten. Und Flo möchte ein Brötchen mit Schinken. Danke! 😀

Steph 12:03 Okay, kein Problem! @Dominik, möchtest du auch ein Brötchen?

Dominik 12:06 Jaaa, sehr gern! Ich möchte ein Brötchen mit Käse, aber ohne Ei, bitte!

	richtig	falsch
1. Steph ist im Gemüseladen.	☐	☐
2. Mara möchte ein Brötchen mit Schinken.	☐	☐
3. Flo isst Fleisch.	☐	☐
4. Dominik mag keine Eier.	☐	☐

2.2 Markieren Sie *möchte-* in 2.1. Ergänzen Sie.

	möchte-		
ich	_____	wir	_____
du	_____	ihr	_____
er/es/sie	_____	sie/Sie	*möchten*

2.3 Ergänzen Sie *möchte-*.

1. 💬 _____ du einen Kaffee? 💬 Nein, ich _____ lieber einen Tee.

2. 💬 Was _____ Sie? 💬 Ich _____ einen Kaffee und Ina _____ einen Saft.

3. 💬 _____ ihr Wein? 💬 Nein, danke. Wir _____ lieber ein Bier.

2.4 Phonetik: ö. Hören Sie. Sprechen Sie nach.

mögen – das Brötchen – das Öl – möchten – zwölf – schön

2.5 Hören Sie. Sprechen Sie nach.

1. 💬 Mögen Sie Brötchen? 💬 Ja, Brötchen mit Öl.

2. 💬 Ich möchte zwölf Brötchen. 💬 Bitte schön.

7

2.6 Was sagt die Verkäuferin? Und was sagt die Kundin? Ordnen Sie zu.

Das ist alles. • Das macht dann • Haben Sie noch einen Wunsch? • Ich hätte gern •
Ja, ich möchte noch • Bitte schön. Noch etwas? • Was möchten Sie?

🔵 Guten Tag! _____ (1)

🟢 Hallo! _____ (2) 1,5 Kilo Kartoffeln.

🔵 Gern. _____ (3)

🟢 _____ (4) 500 Gramm Fisch.

🔵 _____ (5)

🟢 Nein, danke. _____ (6)

🔵 _____ (7) 8 Euro und 10 Cent.

3 Was kaufen Sie ein?

2.10

Diktat. Was kauft der Kunde ein? Hören Sie. Schreiben Sie. Sie hören den Text zweimal.

🟢 Guten Tag. Ich hätte gerne vier _____, acht _____,

achtzig _____, zwei _____

und ein _____, bitte.

Richtig schreiben

1 Ein Kilo Tomaten, bitte.

1.1 Was passt: *f, ff, l, ll, s, ss, t* oder *tt*? Ergänzen Sie.

1. E__en   3. Toma__en   5. Te__er   7. schla__en
2. le__en   4. Bu__er   6. Ki__o   8. Pfe__er

2.11

1.2 Hören Sie. Kontrollieren Sie.

2 Am Samstag grillen wir!

Lesen Sie. Schreiben Sie eine Antwort.

> **Hamid** 14:16
> Hi! Am Samstag grillen wir. Was trinkst du gern und was nicht? Und was magst du lieber: Rindfleisch oder Wurst? Oder isst du kein Fleisch? Kein Problem! Was isst du lieber: Käse oder Ei? Oder isst du vielleicht vegan …?

Hallo, Hamid. Toll! Ich trinke gern …

Alles klar?

1 Wortschatz

1.1 Welche vier Lebensmittel sind hier? Markieren Sie. Schreiben Sie. (2 Punkte)

ANANWURSTFLEISKARTOFFELNSALPFEFFERMILCBRÖTCHENFIS

1. *die* _____   3. _____

2. _____   4. _____

1.2 Welches Wort aus 1.1 passt? Ordnen Sie zu. (3 Punkte)

1. Ich esse gerne Eier mit _____ und Salz.

2. Ich esse vegetarisch. Ich esse keine _____ .

3. Ich kaufe _____ immer in der Bäckerei.

___/5 Punkte

0–3 Punkte? Bitte noch üben!

2 Grammatik

Ergänzen Sie. (5 Punkte)

1. 💬 _____ du ein Bier? 💬 Nein, danke. Ich _____ kein Bier. *(möchte-, mögen)*

2. 💬 _____ Sie noch etwas? 💬 Ja, ich _____ ein Kilo Tomaten. *(möchte-)*

3. 💬 _____ ihr Ananas? 💬 Ja, wir _____ Ananas sehr! *(mögen)*

4. 💬 Was _____ ihr? 💬 Paul _____ einen Tee, ich einen Kaffee. *(möchte-)*

5. 💬 _____ Ali Pizza? 💬 Nein, er _____ keinen Käse. *(mögen)*

___/5 Punkte

0–3 Punkte? Bitte noch üben!

3 Kommunikation

Was möchten Sie? Schreiben Sie Antworten. (10 Punkte)

💬 Guten Tag, was möchten Sie?

💬 _____ (1)

💬 Gerne. Bitte schön. Haben Sie noch einen Wunsch?

💬 _____ (2)

💬 Mit Milch oder Zucker?

💬 _____ (3)

💬 Gerne. Noch etwas?

💬 _____ (4)

💬 Das macht dann 5 Euro.

Brötchen
mit
Ei, Käse oder Wurst
3,50 €

Kaffee und Tee
1,50 €

___/10 Punkte

0–6 Punkte? Bitte noch üben!

8 Eine Party

A Guten Appetit!

das Frühstück *(Sg.)*	warm
das Mittagessen *(Sg.)*	wirklich
zu Mittag essen	der Joghurt, Joghurts
die Kaffeepause, Kaffeepausen	nichts
	die Suppe, Suppen
das Abendessen *(Sg.)*	der Kuchen, Kuchen
zu Abend essen	der Hunger: Hunger haben
pünktlich	aus|sehen
früh	Guten Appetit!
kalt	
die Kantine, Kantinen	Ich esse um … zu Mittag / zu Abend.
meistens (meist)	Ich esse oft kalt/warm.
das Restaurant, Restaurants	Ich esse allein / mit der Familie / mit Freunden.

1 Das Mittagessen ist pünktlich um zwölf.

1.1 Wie heißen die Mahlzeiten? Schreiben Sie.

Ahmad

Maria

Lex

das _____

1.2 Wann essen die Personen in 1.1? Was essen sie? Schreiben Sie.

1. Ahmad frühstückt um Viertel nach sieben. Er isst _____
2. _____
3. _____

1.3 Was passt? Ordnen Sie zu.

in der Kantine • früh • meistens • pünktlich • frühstücke • warm

Mein Name ist Jana. Ich stehe schon sehr _____ (1) am Morgen auf: um 6 Uhr! Ich _____ (2) dann nicht, ich trinke nur einen Kaffee. Ich esse immer _____ (3) um 12 Uhr zu Mittag, nie später! Ich esse im Restaurant oder _____ (4). Das Essen ist manchmal kalt und manchmal _____ (5). Es ist aber _____ (6) sehr lecker!

1.4 Was und wann frühstücken die Personen am Sonntag? Hören Sie. Kreuzen Sie an.

1. Olena Kissel frühstückt
   - a ☐ Brötchen mit Käse und Kaffee.
   - b ☐ Brötchen mit Schinken und Tee.

2. Julian Bettermann frühstückt
   - a ☐ um 6 Uhr.
   - b ☐ um 7 Uhr.

3. Jasmine Hossein frühstückt
   - a ☐ nichts.
   - b ☐ sehr früh.

1.5 Was und wann frühstücken Sie am Sonntag? Schreiben Sie.

Ich frühstücke am Sonntag meistens um …

2 Ich esse gern Tomatensuppe zu Mittag.

2.1 Richtig oder falsch? Lesen Sie. Kreuzen Sie an.

Was isst und trinkt Familie Karat?

Mein Mann Murat und ich kommen aus der Türkei. Wir wohnen aber schon lange in Duisburg. Wir haben zwei Töchter und einen Sohn: Leyla, Serap und Ilay.
Wir stehen immer um 6:30 Uhr auf und wir frühstücken dann um 7 Uhr. Wir trinken immer Tee und essen Brot mit Käse.
Die Kinder sind um 14 Uhr zu Hause und sie haben dann immer Hunger! Wir essen dann zu Mittag: Gemüse, Reis, Hähnchen und Brot.
Man trinkt in Deutschland am Nachmittag gerne Kaffee und isst Apfelkuchen. Das machen wir nicht. Wir essen am Nachmittag lieber Obst.
Wir essen um 18 oder 19 Uhr zu Abend: warm oder kalt. Die Kinder essen sehr gern Kartoffelsalat! Sie trinken Wasser oder Saft. Murat und ich essen gerne „Balık Çorbası", das ist eine Fischsuppe.

	richtig	falsch
1. Familie Karat trinkt Tee zum Frühstück.	☐	☐
2. Sie essen gerne Brot mit Wurst.	☐	☐
3. Die Kinder haben am Mittag oft keinen Hunger.	☐	☐
4. Familie Karat isst am Nachmittag gern Obst.	☐	☐
5. Das Abendessen ist immer warm.	☐	☐
6. Die Kinder essen gern Fischsuppe.	☐	☐

2.2 Welche Wörter finden Sie in 2.1? Verbinden Sie. Schreiben Sie.

1. Fisch   a Salat   1. *die Fischsuppe*
2. Apfel   b Kuchen   2. *der* _____
3. Abend   c Suppe   3. *das* _____
4. Kartoffel   d Essen   4. *der* _____

2.3 Was passt: der, das oder die? Markieren Sie wie im Beispiel. Ergänzen Sie.

1. *der* Milch**kaffee**   5. _____ Gemüsereis
2. _____ Käsebrötchen   6. _____ Kaffeepause
3. _____ Obstkuchen   7. _____ Apfelsaft
4. _____ Nudelsuppe   8. _____ Mittagessen

2.4 Phonetik: Wortakzent. Hören Sie. Markieren Sie den Wortakzent. (2.13)

Apfelkuchen – Käsekuchen – Gemüsekuchen – Kartoffelsuppe – Nudelsuppe – Fischsuppe

2.5 Hören Sie noch einmal. Sprechen Sie nach. (2.13)

2.6 Hören Sie. Markieren Sie den Wortakzent. (2.14)

1. 💬 Magst du **A**pfelkuchen?
   💬 Apfelkuchen? Nicht so gerne.
   💬 Magst du Käsekuchen?
   💬 Käsekuchen? Ja, lecker!

2. 💬 Schau mal, die Kartoffelsuppe.
   💬 Ja, die Kartoffelsuppe sieht gut aus!
   💬 Die Nudelsuppe ist auch lecker.
   💬 Ich esse nicht so gerne Nudelsuppe.

2.7 Sprechen Sie die Dialoge in 2.6 zu zweit.

3 Guten Appetit!

Wie sagt man das in Ihren Sprachen? Schreiben Sie. Vergleichen Sie.

Deutsch	Englisch	Bulgarisch	Ihre Sprache(n)
Tomatensuppe	tomato soup	доматена супа	

4 Wann und was essen Sie zu Abend?

Schreiben Sie Antworten. Sprechen Sie zu zweit. Tauschen Sie dann die Rollen.

💬 Wann essen Sie meistens zu Abend?

💬 _____

💬 Was essen Sie gerne zu Abend?

💬 _____

💬 Essen Sie meistens allein, mit Freunden oder mit der Familie?

💬 _____

B Wir feiern am Sonntag.

die Feier, Feiern _____
die Hochzeit, Hochzeiten _____
das Programm, Programme _____
backen _____
können _____
mit|bringen _____
organisieren _____
möglich _____
bestellen _____
die Einladung, Einladungen _____
das Glas, Gläser _____
das Spiel, Spiele _____
antworten _____
ein|laden _____

feiern _____
das Gericht, Gerichte _____
klar: Ja, klar.
der Alkohol *(Pl. selten)* _____

Liebe Lea, lieber Max,
Wir feiern und wir möchten euch einladen.
Kommt ihr? Könnt ihr … mitbringen?
Könnt ihr bitte bis … antworten?
Vielen Dank für die Einladung.
Ich komme nicht. / Ich komme sehr gern.
Ich kann (leider) nicht kommen.
Ich kann … mitbringen.
Viele Grüße

1 Ich kann einen Salat mitbringen.

1.1 Was ist richtig? Lesen Sie. Kreuzen Sie an.

Timo 18:11 Hi, Eva! Max feiert am Samstag und alle bringen etwas mit. Jenny und ich können einen Salat machen.

Eva 18:17 Sehr gesund! Ich koche nicht 😊, aber ich kann einen Käsekuchen backen und die Musik organisieren.

Timo 18:19 Deine Musik!? Lieber nicht! 😕 Kannst du Spiele mitbringen? Ich organisiere dann die Musik, okay?

1. ☐ Eva feiert am Samstag.
2. ☐ Eva kann etwas backen.
3. ☐ Eva bringt die Musik mit.
4. ☐ Eva organisiert die Spiele.

1.2 Markieren Sie *können* in 1.1. Ergänzen Sie.

	können		
ich		wir	
du		ihr	*könnt*
er/es/sie		sie/Sie	*können*

8

1.3 Ergänzen Sie *können*.

1. _____ du Getränke bestellen? Ich _____ die Getränke abholen.

2. Wir _____ Musik mitbringen. _____ ihr Spiele organisieren?

3. Frau Maier, _____ Sie morgen vielleicht Gläser mitbringen?

4. Pawel _____ einen Kuchen backen. Seine Kuchen sind immer sehr lecker!

1.4 Wer kann was machen? Schreiben Sie sechs Sätze.

Ich		eine Einladung	bestellen
Du		das Essen	kochen
Meine Schwester	können	eine Suppe	mitbringen
Wir		Getränke	aufräumen
Ihr		Gläser	schreiben
Meine Freunde		die Küche	abholen

Ich kann Gläser mitbringen.

1.5 Lesen Sie die Fragen. Schreiben Sie Antworten mit *können*.

		Position 2		**Satzende**
1. Kannst du die Einladung schreiben?	*Ja, ich*	*kann*	*die Einladung*	*schreiben.*
2. Könnt ihr Gläser mitbringen?	*Ja, wir*			
3. Kannst du das Licht ausmachen?	*Ja,*			
4. Könnt ihr heute kochen?	*Ja,*			

2 Kommt ihr?

2.1 Prüfung: Lesen. Welche Überschrift passt? Lesen Sie. Ordnen Sie zu.

a Vegetarisch grillen!
b Picknick zu Hause!
c Hochzeitsfeier!
d Familienfeier!

1 ☐

Liebe Familie,
Tante Helene wohnt schon fünf Jahre in Chile, aber jetzt ist sie in Deutschland! Das feiern wir mit der Familie
– am Samstag
– um 16 Uhr
– im Restaurant *Sudaka*.
Kommt ihr? Könnt ihr bis Donnerstag antworten?

2 ☐

Liebe Nachbarinnen und Nachbarn, wir organisieren ein Picknick! Kommt ihr?
Wann: am Sonntag, um 15 Uhr
Wo: im Park
Programm: grillen, Musik hören, Fußball spielen
Wir bringen Brot und vegetarische Wurst mit. Bringt ihr auch etwas mit?

3 ☐

Liebe Familie, liebe Freunde, liebe Freundinnen,
am Samstag sagen wir
Ja für immer!
Wir laden euch ein!
20 Uhr, Mainstraße 19
Wir essen, trinken, tanzen und feiern zusammen!
Kommt ihr?
Katie und Joan

2.2 Prüfung: Sprachbausteine. Was ist richtig? Kreuzen Sie an.

___(1)___ Katrina,

vielen ___(2)___ für die Einladung. Ich komme gerne. Ich mag vegetarische Wurst!

Ich mache ___(3)___ Nudelsalat und ich ___(4)___ Getränke mitbringen.

Viele ___(5)___ und bis Sonntag

Ines

1. a ☐ Liebe	2. a ☐ danke	3. a ☐ ein	4. a ☐ kann	5. a ☐ Grüße
b ☐ Lieber	b ☐ Dank	b ☐ einen	b ☐ können	b ☐ Gruß

3 Wir feiern eine Kursparty.

3.1 Was ist Lizzy und Yagis bei der Party wichtig? Hören Sie. Kreuzen Sie an.

	Lizzy	Yagis
1. Musik	✗	✗
2. Tanz	☐	☐
3. Essen	☐	☐
4. Alkohol	☐	☐
5. Spiele	☐	☐

3.2 Richtig oder falsch? Lesen Sie. Kreuzen Sie an.

An... Ayla Ani; Maha Abadi; Bastián Lamain; Chrissi Page; Ravi Prasad
Betreff Kursparty im Park

Liebe Freundinnen und Freunde,

wir organisieren eine Kursparty und wir laden euch ein! Habt ihr am Sonntag um 15 Uhr Zeit? Wir können zusammen essen, Musik hören und tanzen. Lizzy und ich backen einen Kuchen und wir kochen ein Gericht mit Fleisch und ein Gericht ohne Fleisch. Könnt ihr bitte auch etwas kochen und Getränke mitbringen? Freunde und Familie sind auch willkommen!
Kommt ihr? Könnt ihr bitte bis Samstag antworten?

Liebe Grüße
Lizzy und Yagis

	richtig	falsch
1. Lizzy und Yagis laden ihre Freunde zur Feier ein.	☐	☐
2. Die Kursparty ist am Samstag um 15 Uhr.	☐	☐
3. Alle Gerichte sind vegetarisch.	☐	☐
4. Lizzy und Yagis kochen für alle.	☐	☐
5. Die Freunde bringen die Getränke mit.	☐	☐
6. Freunde und Familie können auch kommen.	☐	☐

8

3.3 Diktat. Hören Sie. Schreiben Sie. Sie hören den Text zweimal.

Hallo, Lizzy! Ayla hier. Vielen Dank _____ (1) Ich kann am Sonntag _____ (2) _____ (3) am Nachmittag. _____ (4), sie kommen nicht oft. Ich habe am Abend leider auch _____ (5) Ich arbeite jetzt als Kellnerin im Restaurant „Sudaka". _____ (6) und bis bald!

3.4 Was schreibt Ravi? Kommt er zur Feier? Ordnen Sie. Schreiben Sie dann seine Antwort.

Ravi 14:24
- ☐ Mein Freund Amir kommt auch.
- ☐ Liebe Lizzy und Yagis,
- ☐ Liebe Grüße und bis Sonntag! Ravi
- ☐ Ich komme gerne!
- ☐ Wir können Cola und Saft mitbringen.
- ☐ vielen Dank für die Einladung!

C Prost!

probieren _____   Das schmeckt super. Du kochst sehr gut.

Prost! _____   Die Suppe / ... ist sehr lecker / sieht lecker aus.

nehmen: Ich nehme die Suppe. _____   Vielen Dank! / Danke, das freut mich!

schmecken _____   Ja? Findest du? Danke schön!

1 Ich möchte den Salat mit Falafel.

1.1 Was passt? Ordnen Sie zu.

esse • freut mich • kochst • nehme • probierst • schmeckt

💬 Du _____ (1) sehr gut! Das Fleisch _____ (2) super und die Nudeln sind sehr lecker!

💬 Das _____. (3) Der Fisch ist auch sehr lecker, _____ (4) du auch den Fisch?

💬 Nein, danke. Ich _____ (5) keinen Fisch. Ich _____ (6) die Suppe.

1.2 Was passt? Ergänzen Sie. Übung 1.1 hilft.

1. _Der_ Fisch ist sehr lecker. Probierst du _____ Fisch?
2. _____ Fleisch schmeckt super! Ich möchte _____ Fleisch.
3. _____ Suppe schmeckt gut. Ich nehme _____ Suppe.
4. _____ Nudeln sind lecker. Ich esse _____ Nudeln.

1.3 Was passt: den, das oder die? Ergänzen Sie.

1. Der Salat sieht lecker aus. Wie machst du _____ Salat?
2. Das Paket ist da. Kannst du _____ Paket abholen?
3. Ich kann heute Abend kochen. Räumst du _____ Küche auf?
4. Das Auto ist kaputt. Kann der Mechatroniker _____ Auto reparieren?
5. Wo ist der Arzt? Ich sehe _____ Arzt nicht.
6. Ich kann _____ Einladungen schreiben. Was machst du?

2 Ich nehme ...

Wiederholung: Unregelmäßige Verben. Ergänzen Sie.

1. Hamid _____ drei Sprachen: Arabisch, Englisch und Deutsch. *(sprechen)*
2. Ich _____ gerne Hähnchen. _____ du auch gern Hähnchen? *(essen)*
3. Das Gericht _____ sehr lecker _____. *(aussehen)*
4. Sarah bereitet das Essen vor. Isko _____ Sarah. Er schneidet das Gemüse. *(helfen)*

2.1 Lesen Sie. Markieren Sie nehmen. Ergänzen Sie.

Guten Tag, was nehmen Sie?

Ich nehme den Fisch.

Ich nehme das Hähnchen und Kemal nimmt das Gemüse. Was nehmt ihr?

Wir nehmen die Fischsuppe und den Katoffelsalat.

nehmen			
ich	_____	wir	_____
du	_nimmst_	ihr	_____
er/es/sie	_____	sie/Sie	_nehmen_

2.2 Ergänzen Sie *nehmen*.

1. Ich _____ die Nudeln mit Fleisch. Was _____ du?
2. Wir _____ den Apfelkuchen. _____ ihr den Käsekuchen?
3. Frau Lingen, was _____ Sie? Möchten Sie auch den Salat mit Falafel?
4. Was _____ die Kinder? Kartoffelsalat oder Nudelsalat?
5. Lisa _____ den Gurkensalat und Mao _____ das Curry mit Hähnchen.

3 Hm, das schmeckt super!

Welche Antwort passt? Kreuzen Sie an.

1. Deine Suppe ist sehr lecker!
   - a ☐ Danke schön!
   - b ☐ Prost!

2. Der Fisch schmeckt sehr gut.
   - a ☐ Das sieht aber lecker aus.
   - b ☐ Danke, das freut mich!

3. Der Salat sieht lecker aus.
   - a ☐ Ja? Findest du? Danke schön.
   - b ☐ Hm, das schmeckt super.

Richtig schreiben

1 Was isst Opa gerne?

Was schreibt man zusammen? Korrigieren Sie acht Wörter.

💬 Nick, dein Opa kommt heute. Was kochen wir?

💬 Stimmt! Opa mag Obst kuchen und er isst gern Kartoffel suppe.

💬 Gut, dann backen wir einen Apfel kuchen und kochen eine Kartoffel suppe. Ich kann dazu Gemüse reis mit Hähnchen machen.

💬 Ja, lecker! Haben wir noch Milch und Apfel saft? Opa trinkt gerne Milch kaffee und ich trinke gerne Apfel saft.

2 Wir feiern mit der Familie!

Sie laden Ihre Familie ein. Schreiben Sie die Einladung.

Was:	Familienfeier
Wann:	Samstag, 18 Uhr
Wo:	Sonntagsstraße 18, Bremen
Programm:	essen, Musik hören, spielen
Sie:	organisieren die Musik und kochen zwei Gerichte (1x mit Fleisch, 1x vegetarisch)
Ihre Familie:	bringt Getränke und Gläser mit
Antwort:	bis Donnerstag

Liebe Familie, ich organisiere eine …

Alles klar?

1 Wortschatz

Welches Verb passt? Ergänzen Sie. (5 Punkte)

1. Der Fisch sieht gut aus! Wir p_____ den Fisch!

2. Kommst du? Kannst du bis Mittwoch a_____?

3. Wir feiern und wir möchten euch e_____.

4. Am Samstag o_____ wir eine Party! Kommst du?

5. Hm, lecker! Die Salate s_____ wirklich gut!

___/5 Punkte

0–3 Punkte? Bitte noch üben! ◉

2 Grammatik

Was passt? *den*, *das* oder *die*? Ergänzen Sie. (5 Punkte)

der Fisch • das Hähnchen • der Kuchen • der Salat • die Suppe

💬 Ich nehme _____ (1) Kartoffelsalat. _____ (2) Salat schmeckt super. Was nimmst du?

💬 Ich probiere _____ (3) Fisch mit Reis. _____ (4) Fisch sieht sehr lecker aus!

💬 Du kannst auch _____ (5) Hähnchen probieren. _____ (6) Hähnchen ist sehr lecker.

💬 Nein, danke. Ich esse kein Fleisch. _____ (7) Gemüsesuppe sieht aber auch gut aus.

Ich nehme _____ (8) Gemüsesuppe!

💬 Sehr gut! Oh, schau mal! Sie haben auch Kuchen! Ich möchte _____ (9) Käsekuchen.

Möchtest du _____ (10) Apfelkuchen?

___/5 Punkte

0–3 Punkte? Bitte noch üben! ◉

3 Kommunikation

Malina lädt Sie ein. Sie kommen gerne zur Party. Schreiben Sie Malina eine Antwort. (10 Punkte)

> **Malina** 19:43
> Hallo! Ich mache am Samstag eine Pizza-Party um 20 Uhr in der Mainstraße 8. Kommt ihr? Ich mache Pizza Hawaii. Mögt ihr Pizza mit Ananas und Käse? Könnt ihr vielleicht Getränke mitbringen? Und einen Salat machen? Ich freue mich!

Liebe Malina,

_____ (1)

_____ (2)

_____ (3)

_____ (4)

Viele Grüße

___/10 Punkte

0–6 Punkte? Bitte noch üben! ◉

Wichtige Wörter

1. ☐ Äpfel 
2. ☐ 
3. ☐ 
4. ☐

5. ☐ 
6. ☐ 
7. ☐ 
8. ☐

9. ☐ 
10. ☐ 
11. ☐ 
12. ☐

13. ☐
14. ☐ 
15. ☐ 
16. ☐ 

1 Guten Appetit!

1.1 Was sehen Sie auf den Fotos? Schreiben Sie.

1.2 Hören Sie. Kontrollieren Sie.

1.3 Was kaufen Lena und Maleen? Hören Sie. Kreuzen Sie an.

1.4 Arbeiten Sie in Gruppen. Sprechen Sie wie im Beispiel.

🔵 Ich kaufe Äpfel.

🟢 Ich kaufe Äpfel und Kuchen.

🟠 Ich kaufe Äpfel, Kuchen und Käse.

⚪ Ich kaufe Äpfel, Kuchen, Käse und …

17  ☐   18  ☐   19  ☐   20 ☐

21  ☐   22  ☐   23  ☐   24 ☐

25  ☐   26  ☐   27  ☐   28 ☐

29  ☐   30  ☐   31  ☐   32 ☐

2 Ihr Lieblingsessen

2.1 **Was essen und trinken Sie (nicht) gerne? Sprechen Sie zu zweit. Schreiben Sie.**

💬 Ich esse gerne Birnen. Du auch?

💬 Nein, ich mag Birnen nicht. Ich esse lieber Ananas.

💬 Ja, Ananas esse ich auch gerne!

Das essen und trinken wir gerne:
– Ananas
– …

2.2 **Arbeiten Sie in Gruppen. Welches Gericht möchten Sie kochen? Was braucht man für das Gericht? Schreiben Sie das Rezept. Benutzen Sie ein Wörterbuch.**

2.3 **Hängen Sie Ihre Rezepte im Kurs auf. Welches Gericht möchten Sie probieren? Sprechen Sie im Kurs.**

Prüfungstraining

1 Hören Teil 1 (Start A1)

1.1 Was passt? Sehen Sie die Bilder an. Ordnen Sie zu.

Kaffee • Kaffee mit Milch • Kaffee mit Zucker

a ☐ _____   b ☐ _____   c ☐ _____

 2.19 **1.2 Was trinkt Livi? Hören Sie. Kreuzen Sie in 1.1 an.**

2.19 **1.3 Hören Sie noch einmal. Kontrollieren Sie.**

1.4 Bereit? Lesen Sie die Tipps. Lösen Sie die Prüfungsaufgabe.

Lesen Sie die Frage und die Antworten genau und sehen Sie die Bilder an.
Hören Sie und sehen Sie dabei die Bilder an.
Was ist richtig? Kreuzen Sie an.
Kontrollieren Sie Ihre Antwort beim zweiten Hören.

Und jetzt wie in der Prüfung!

 2.20 **Was ist richtig? Hören Sie. Kreuzen Sie an. Sie hören die Texte zweimal.**

1. Wie viel Käse kauft der Mann?

a ☐ Hundertfünfzig Gramm.   b ☐ Fünfzig Gramm.   c ☐ Fünfhundert Gramm.

2. Wie viel kostet das zusammen?

a ☐ Drei Euro siebzig.   b ☐ Fünf Euro fünfzig.   c ☐ Sechs Euro.

2 Sprechen Teil 2 (Start A1) / Sprechen Teil B (telc A1)

2.1 Welche Frage passt? Kreuzen Sie an.

Essen und Trinken

Frühstück

1. a ☐ Was isst du gerne zum Frühstück?
   b ☐ Magst du Kartoffelsalat?

Essen und Trinken

Kaffee

2. a ☐ Was trinkst du zum Frühstück?
   b ☐ Trinkst du viel Kaffee?

2.2 Welche Antwort passt? Kreuzen Sie an.

1. Was isst du gerne zum Frühstück?
   a ☐ Ich esse gerne Joghurt mit Obst.
   b ☐ Ich frühstücke um 8 Uhr.

2. Trinkst du viel Kaffee?
   a ☐ Nein, ich mag Kaffee nicht so gerne.
   b ☐ Ich trinke Kaffee ohne Milch und Zucker.

2.3 Schreiben Sie eine Frage zu den Karten in 2.1. Arbeiten Sie zu zweit. Fragen Sie und antworten Sie.

2.4 Bereit? Lesen Sie die Tipps. Lösen Sie die Prüfungsaufgabe.

Lesen Sie genau: Was ist das Thema? Und was ist das Wort auf der Karte?
Stellen Sie eine Frage zum Wort auf der Karte. Ihre Partnerin / Ihr Partner antwortet.
Was fragt Ihre Partnerin / Ihr Partner? Antworten Sie.

Und jetzt wie in der Prüfung!

Arbeiten Sie zu zweit. Fragen Sie und antworten Sie.

Thema 1

Essen und Trinken **Gemüse**	*Essen und Trinken* **Fleisch**
Essen und Trinken **Kantine**	*Essen und Trinken* **Bier**
Essen und Trinken **Abendessen**	*Essen und Trinken* **Brot**

Thema 2

Feiern **Getränke**	*Feiern* **Zeit**
Feiern **Ort**	*Feiern* **Musik**
Feiern **Spiele**	*Feiern* **Freunde**

9 Termine

A Ich möchte einen Termin vereinbaren.

geöffnet _____

ab|geben _____

die Agentur für Arbeit (Sg.) _____

an|melden _____

die Apotheke, Apotheken _____

das Medikament, Medikamente _____

die Bank, Banken _____

das Geld (Sg.) _____

überweisen _____

das Bürgerbüro, Bürgerbüros _____

die Post (Sg.) _____

die Schule, Schulen _____

die Volkshochschule (VHS), Volkshochschulen _____

die Wohnung, Wohnungen _____

der Termin, Termine _____

zwischen: zwischen 8 und 9 Uhr _____

da (sein): Bist du schon da? _____

einmal: noch einmal _____

gut _____

Tut mir leid. _____

vereinbaren _____

Auf Wiederhören! _____

ab: ab 8 Uhr _____

Ich möchte einen Termin vereinbaren.

Ist es am … um … möglich?

Geht es am … um …?

Haben Sie zwischen … und … einen Termin frei?

Ja, das geht. / Tut mir leid. Das geht nicht.

1 Die Post hat von halb acht bis sechs geöffnet.

1.1 Was möchten Sie dort machen? Schreiben Sie.

einen Kurs machen • Geld überweisen • Medikamente abholen
eine Wohnung anmelden • einen Job finden • ~~ein Paket abgeben~~

1. die Post
2. die Agentur für Arbeit
3. die Volkshochschule
4. die Apotheke
5. die Bank
6. das Bürgerbüro

1. die Post: Ich möchte ein Paket abgeben.

1.2 Markieren Sie die Verben in Ihren Sätzen in 1.1. Ergänzen Sie zwei Sätze.

	Position 2		**Satzende**
Ich			

1.3 Was können Sie wann machen? Lesen Sie. Kreuzen Sie an.

Öffnungszeiten in der Schweiz

Wie sind die Öffnungszeiten in der Schweiz?

Viele **Geschäfte** haben von Montag bis Freitag von 8:00 bis 19:00 Uhr und am Samstag bis 17:00 Uhr geöffnet. In Zürich, Bern oder Fribourg haben die Geschäfte meistens am Montagvormittag geschlossen. Kleine Geschäfte machen oft eine Mittagspause von 12:00 bis 14:00 Uhr.

Banken haben von Montag bis Freitag von 8:30 bis 16:30 Uhr geöffnet. Am Samstag haben sie geschlossen.

Die **Post** hat von Montag bis Freitag von 7:30 bis 18:00 Uhr und am Samstag von 8:00 bis 12:00 Uhr geöffnet.

Apotheken haben von Montag bis Freitag zwischen 8:00 und 12:30 Uhr und am Nachmittag zwischen 14:00 und 18:30 geöffnet. Am Samstag schließen die Apotheken um 13:00 Uhr.

Können Sie …	ja	nein
1. … am Dienstagnachmittag um vier Uhr Geld überweisen?	☐	☐
2. … am Donnerstagmorgen um halb acht ein Paket abgeben?	☐	☐
3. … am Samstagabend um halb acht einkaufen?	☐	☐
4. … am Mittwochmittag um ein Uhr ein Medikament kaufen?	☐	☐

2 Haben Sie zwischen 15 und 17 Uhr einen Termin frei?

2.1 Lesen Sie. Ordnen Sie zu.

Geht es am • Tut mir leid • Auf Wiederhören • Termine frei •
das geht • einen Termin vereinbaren • geschlossen • möglich

🗨 Friseur Bunke, guten Tag.

🗨 Guten Tag, Ayala Pal hier. Ich möchte _____ (1).

🗨 Gerne! Wann möchten Sie kommen?

🗨 _____ (2) Montagmorgen um 10 Uhr?

🗨 _____ (3), das ist leider nicht _____ (4). Wir haben am Montagmorgen _____ (5). Wir haben aber zwischen 16 und 17 Uhr _____ (6).

🗨 Gut, _____ (7). Ich komme am Montagnachmittag um 16 Uhr.

🗨 Super! Bis dann. _____ (8), Frau Pal.

9

Wiederholung: am, um, von ... bis. Was passt? Ergänzen Sie.

1. Kochen wir _____ Samstag zusammen? Hast du _____ 18 Uhr Zeit?
2. Was machst du _____ Nachmittag? _____ 15 Uhr möchte ich gerne einen Spaziergang machen.
3. Ich arbeite _____ 8 _____ 17 Uhr. Wir können aber gerne _____ Abend telefonieren.
4. Was machst du _____ Wochenende? Möchtest du _____ Samstagabend vielleicht einen Film sehen?

2.2 Was möchte Ayala am Wochenende machen? Wann? Schreiben Sie.

Samstag	Sonntag
10:00–12:00 Deutsch lernen	8:00–9:00 Sport machen
Nachmittag: die Küche putzen!	15:00 mit Paul Kaffee trinken
19:00 Abendessen mit Lena	Abend: Eltern anrufen!

Ayala möchte am Samstag von 10 bis ...

2.3 Was passt: *ab, bis* oder *zwischen*? Lesen Sie. Schreiben Sie Antworten.

1

Markt Müller
Mo.–Sa. 7–22 Uhr

2

Salon HAIRlich
Dienstag-Samstag: 8–20 Uhr
Montag geschlossen

3
Dr. Sarah Khalil
Mo–Do 09:00–12:00 Uhr
Fr 09:00–11:00 Uhr

1. Ab wann kann man am Montag einkaufen? _____
2. Bis wann hat der Friseur geöffnet? _____
3. Wann kann man am Montag die Ärztin anrufen? _____

2.4 Lesen Sie 2.3 noch einmal. Schreiben Sie Fragen.

1. _____ Bis 22 Uhr.
2. _____ Ab 8 Uhr.
3. _____ Zwischen 9 und 11 Uhr.

2.5 Schreiben Sie Antworten. Sprechen Sie zu zweit. Tauschen Sie dann die Rollen.

🟢 Bürgerbüro, guten Tag.

🔵 _____

🟢 Gerne. Geht es am Dienstag um 14 Uhr?

🔵 _____

🟢 Ja, das geht. Wir haben am Mittwoch um 15 Uhr noch einen Termin frei.

🔵 _____

🟢 Sehr gut. Auf Wiederhören!

Wohnung anmelden!
Mittwochnachmittag 14–17 Uhr?

B Was musst du heute machen?

zu: Ich gehe zum Friseur / zur Post.

müssen

der Einkaufszettel, Einkaufszettel

der Pass, Pässe

fertig

gleich: Ich bin gleich da.

vergessen

der Bäcker, Bäcker

das Kaufhaus, Kaufhäuser

wieder

wohin

Wohin gehst du?

Ich gehe zum ... / zur ...

Was musst du dort machen?

Ich muss/möchte dort ...

1 Wir müssen die Wohnung anmelden.

1.1 Richtig oder falsch? Lesen Sie. Kreuzen Sie an.

Krystof 10:33
Hi, Pedro! Ich möchte heute ein bisschen Sport machen? Du auch?

Pedro 10:42
Ja, gerne! Ich muss heute aber bis 15 Uhr arbeiten und ich habe um 16 Uhr einen Termin im Bürgerbüro. Silvia und ich müssen die Wohnung anmelden. Am Abend ab 18 Uhr habe ich aber Zeit! Oder musst du heute Abend arbeiten?

Krystof 11:03
Nein, meine Freundin muss arbeiten, aber ich habe heute Abend frei! 🥳
Also: ab 18 Uhr geht! Ich komme um 18:30 Uhr, okay?

	richtig	falsch
1. Krystof möchte heute mit Pedro zum Bürgerbüro gehen.	☐	☐
2. Pedro muss bis drei Uhr am Nachmittag arbeiten.	☐	☐
3. Pedro und Silvia müssen eine Wohnung anmelden.	☐	☐
4. Krystof muss am Abend arbeiten.	☐	☐
5. Krystof trifft Pedro um sechs Uhr am Abend.	☐	☐

1.2 Markieren Sie *müssen* in 1.1. Ergänzen Sie.

	müssen		
ich		wir	
du		ihr	müsst
er/es/sie		sie/Sie	

1.3 Ergänzen Sie *müssen*.

1. Ich _____ zuerst noch einen Einkaufszettel schreiben. Dann kaufe ich ein.

2. Ruud ist heute nicht da. Er _____ seinen Pass abholen.

3. Marina, _____ du am Abend Hausaufgaben machen?

4. Herr Gülay, wie lange _____ Sie heute arbeiten?

1.4 Phonetik: *i* und *ü*. Hören Sie. Sprechen Sie nach.

1. i: wir – sieben – der Termin – ich – trinken – die Milch
2. ü: früh – frühstücken – müssen – pünktlich – das Bürgerbüro

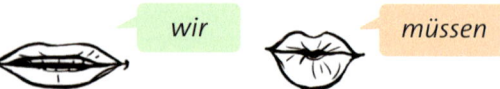

1.5 Was passt: *i* oder *ü*? Hören Sie. Ergänzen Sie.

Am M____ttwoch stehen Mia und ich fr____h auf: um halb s____eben! W____r haben einen Term____n um acht Uhr. ____ch fr____hstücke nicht. Ich tr____nke nur einen Kaffee mit M____lch und Mia ____sst einen Apfel. Dann fahren wir zum B____rgerbüro. Wir m____ssen p____nktlich sein!

1.6 Sprechen Sie 1.5 laut. Hören Sie dann noch einmal. Kontrollieren Sie.

1.7 Was passt: *muss* oder *möchte*? Sehen Sie die Fotos an. Ergänzen Sie.

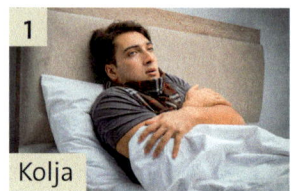   

1 Kolja 2 Patricia 3 Suri 4 Germain

1. Kolja _____ zum Arzt gehen.
2. Patricia _____ keine Musik hören.
3. Suri _____ nicht aufstehen.
4. Germain _____ heute einkaufen.

1.8 Markieren Sie die Verben in 1.7. Ergänzen Sie.

	Position 2	Satzende
1. Kolja		
2.		
3.		
4.		

1.9 Was müssen und möchten Sie heute noch machen? Schreiben Sie drei Sätze wie im Beispiel.

Ich muss heute bis 18 Uhr arbeiten. Ich möchte am Abend eine Freundin treffen.

1.10 Prüfung: Hören und antworten. Welche Antwort passt? Hören Sie. Ordnen Sie zu.

1. _____   a Am Donnerstag um 14 Uhr.
2. _____   b Nein, tut mir leid. Ich arbeite am Abend.
3. _____   c Ich möchte einen Termin vereinbaren.
           d Ich muss heute arbeiten.

2 Bin um elf wieder da!

2.1 Richtig oder falsch? Hören Sie. Kreuzen Sie an.

	richtig	falsch
1. Lisa muss ihren Pass abholen.	☐	☐
2. Sie hat von 12 bis 16 Uhr einen Deutschkurs.	☐	☐
3. Alina hat von 16 bis 17:30 Uhr einen Computerkurs.	☐	☐
4. Sie geht um 18 Uhr zum Arzt.	☐	☐
5. Lisa holt Alina um 18 Uhr ab.	☐	☐

2.2 Was passt? Verbinden Sie.

1. Lisa muss ihren Pass abholen.   a Sie geht zur Volkshochschule.
2. Sie muss heute arbeiten.   b Sie geht zum Bürgerbüro.
3. Alina macht einen Computerkurs.   c Sie geht zur Apotheke.
4. Sie muss Medikamente abholen.   d Sie geht zur Arbeit.

2.3 Welche Wörter sind hier? Markieren Sie. Schreiben Sie.

SUPERMARKTBÄCKERPOSTKAUFHAUSKIOSKFRISEURBANK

der Supermarkt,

2.4 Wohin gehen Sie? Schreiben Sie Sätze mit den Wörtern in **2.3**. Zwei Wörter passen nicht.

1. Sie müssen noch einkaufen.   _Ich gehe zum Supermarkt._
2. Sie möchten ein Paket abgeben. _____
3. Sie brauchen Geld.   _____
4. Sie möchten einen Kaffee trinken. _____
5. Sie möchten ein Brot kaufen.   _____

3 Eine Nachricht von Tomasz

3.1 Was kann Tomasz heute nicht machen? Was muss er machen? Hören Sie. Korrigieren Sie.

Dienstag

9:00–12:00 Deutschkurs

16:00–17:00 Boxen

18:00 Abendessen mit Karsten

9

🔊 2.26 **3.2 Diktat. Hören Sie. Schreiben Sie. Sie hören den Text zweimal.**

Hallo, Karsten, _____ (1) Ich kann heute nicht um sechs Uhr _____ (2) Ich muss _____ (3) Hast du später am Abend Zeit? Ich kann _____ (4) _____ (5) Kannst du mich anrufen?

C Ich rufe dich dann an.

die Idee, Ideen

die Lust: Lust haben

mit|kommen

die Nachricht, Nachrichten

die Brille, Brillen

der Rucksack, Rucksäcke

der Schuh, Schuhe

das Ticket, Tickets

höflich

unhöflich

nächst-: nächste Woche

der Test, Tests

die Karte, Karten

Karten spielen

die Party, Partys

Die Idee ist schön. / Super Idee.

Ich kann am … leider nicht.

Ich habe am … leider keine Zeit.

Ich muss …

1 Wer kommt mit?

1.1 Was passt? Ordnen Sie zu.

Ich frage sie gleich. • Ich rufe dich an. • Ich frage ihn auch. • ~~Ich möchte sie sehen!~~

🔵 Morgen ist Queen Pi in Köln! _Ich möchte sie sehen!_ Kommst du mit?

🟢 Ja, gerne! Fragst du Mart und Ina auch? Vielleicht haben sie auch Lust.

🔵 Ja, super Idee. _____

🟢 Und Anton? Vielleicht möchte er auch mitkommen. Er mag die Musik sehr.

🔵 Stimmt! _____

🟢 Ich kann Tickets bestellen. Rufst du mich später noch einmal an?

🔵 Ja, kein Problem. _____

Queen Pi

1.2 Lesen Sie noch einmal in 1.1. Ergänzen Sie.

Nominativ	ich	du	er	sie	es	sie (Pl.)	Sie
Akkusativ					es		Sie

1.3 Welche Antwort passt? Verbinden Sie.

1. Kommt Miriam heute nicht?
2. Hast du meine Schlüssel?
3. Wo ist mein Stift?
4. Kommt Anton heute?
5. Kommen Oma und Opa heute?
6. Siehst du meine Brille?
7. Hast du mein Buch?

a Ich weiß nicht. Ich frage ihn.
b Hier, ich habe ihn.
c Ich weiß nicht. Ich rufe sie an.
d Nein, tut mir leid. Ich sehe sie nicht.
e Ja, brauchst du es jetzt?
f Nein, wir besuchen sie morgen.
g Nein, ich habe sie nicht.

1.4 Wer oder was ist *ihn*, *sie* und *es*? Markieren Sie in 1.3.

1.5 Was passt? Ergänzen Sie.

1. Frau Schön, trinken wir einen Kaffee? Ich lade _Sie_ ein.
2. Kommt Max morgen zur Party? Fragst du _____ ?
3. Wo ist mein Rucksack? Ich sehe _____ nicht.
4. Wohnt Sandra jetzt in Frankfurt? Wir können _____ besuchen.
5. Ist dein Pass fertig? Wann holst du _____ ab?
6. Wo sind Leni und Olga? Ich schreibe eine Nachricht und frage _____ .
7. Hier ist das Paket für Oma. Ich gehe jetzt zur Post und gebe _____ ab.

1.6 Wer oder was ist *sie, es, ihn* und *Sie*? Markieren Sie in 1.5.

2 Ich kann am Samstag leider nicht mitkommen.

2.1 Wie antwortet Mohammed? Lesen Sie. Ordnen Sie.

> **Adem** 16:36
> Hi! Sara und ich möchten am Samstag ein Picknick machen. Kommt ihr mit?

> **Mohammed** 16:45
> ☐ Ich habe aber leider keine Zeit.
> ☐ Lieber Adem, die Idee ist schön.
> ☐ Wir können vielleicht nächste Woche etwas machen?
> ☐ Liebe Grüße, Mohammed
> ☐ Ich habe einen Test am Montag und muss noch viel lernen.
> ☐ Ich rufe am Dienstag noch einmal an, okay?

2.2 Und Sie? Können Sie kommen? Schreiben Sie eine Antwort.

9

3 Möchtest du … ? Hast du Lust?

Was möchten Sie zusammen machen? Fragen Sie und antworten Sie.

💬 Möchtest du heute Abend Musik machen? Hast du Lust?

💬 Die Idee ist schön, aber ich habe heute leider keine Zeit. Vielleicht morgen?

Richtig schreiben

1 Spielen wir am Dienstag Karten?

1.1 Wie schreibt man es: *i*, *ie*, oder *ih*? Lesen Sie. Markieren Sie.

💬 Möchtest du am D**ie**nstag Mus**i**k machen?

💬 Die Idee ist schön, aber ich habe leider keine Zeit. Ich habe am Dienstagnachmittag einen Termin und ich treffe am Abend meine Cousine.

💬 Was macht ihr?

💬 Wir spielen Karten. Das macht Spaß! Möchtest du mitkommen?

💬 Ich weiß nicht. Ich glaube, ich mache lieber Musik!

1.2 Was passt: *i*, *ie* oder *ih*? Ergänzen Sie.

1. Habt ___r morgen um v___r Uhr Zeit?
2. Wir organis___ren am D___nstag eine Party.
3. Wo ist Anne? Ich sehe s___ n___cht.
4. Ich habe einen Term___n in Berl___n.

2 Am … habe ich Zeit!

Wann können Sie kommen? Schreiben Sie eine Antwort.

> **Masuda** 12:34
> Hallo, alle! Ich möchte am Donnerstag, Freitag oder Samstag ab 19 Uhr eine Party machen. Wann habt ihr Zeit? Könnt ihr bis morgen antworten? Dann kann ich die Party organisieren.
> Liebe Grüße, Masuda

Donnerstag	Freitag	Samstag
8:30–12:00 Deutschkurs	8:30–12:00 Deutschkurs	
18:00–24:00 Arbeit	19:00–21:30 Fußball	19:00 Party bei Masuda!

Hallo, Masuda! Danke für die Einladung! Am Donnerstag und Freitag …

Alles klar?

1 Wortschatz

Was passt? Ergänzen Sie. (5 Punkte)

1. Ich brauche Medikamente und muss noch zur A_____ gehen.

2. Ernesto möchte zum Friseur gehen, aber zuerst muss er einen T_____ vereinbaren.

3. Ina fährt zum Bürgerbüro. Sie muss ihre Wohnung a_____.

4. Kannst du für mich zur P_____ gehen und ein Paket abholen?

5. Ich habe zwei Tickets für Queen Pi. Möchtest du m_____? ___/5 Punkte

0–3 Punkte? Bitte noch üben!

2 Grammatik

2.1 Was passt: *ab*, *bis* oder *zwischen*? Ergänzen Sie. (3 Punkte)

1. Die Supermärkte haben meistens _____ 7 Uhr am Morgen geöffnet.

2. Das Restaurant hat _____ 23 Uhr geöffnet. Dann schließt es.

3. Ich stehe meistens _____ 8 und 9 Uhr auf.

2.2 Was passt? Ergänzen Sie. (2 Punkte)

1. ich: Mein Freund Basti besucht _____ am Sonntag.

2. er: Möchtest du _____ treffen?

3. du: Basti sagt, er möchte _____ gerne sehen.

4. sie: Jasper und Frigga kommen vielleicht auch. Ich rufe _____ an! ___/5 Punkte

0–3 Punkte? Bitte noch üben!

3 Kommunikation

Sie möchten zum Friseur. Was sagen Sie? Schreiben Sie. (10 Punkte)

💬 Friseur Hermann Engl, guten Tag!

💬 Hallo! Ich möchte _____ (1)

Geht es _____ (2)

💬 Wir haben am Montag leider geschlossen. Geht es am Freitag?

💬 Tut mir leid, _____ (3)

Ist es _____ (4)

💬 Ja, das geht. Wir haben um 10:30 Uhr einen Termin frei.

💬 Gut! Dann _____ (5)

💬 Schön! Bis dann!

Friseur!
Montag 16–18 Uhr?
oder
Samstag ab 10 Uhr?

___/10 Punkte

0–6 Punkte? Bitte noch üben!

10 Mit Bus und Bahn

A Mit dem Bus oder zu Fuß?

der Bus, Busse

das Flugzeug, Flugzeuge

mit: mit dem Auto

die S-Bahn (Pl. selten)

die Straßenbahn (Pl. selten.)

das Taxi, Taxis

die U-Bahn (Pl. selten)

zu Fuß: zu Fuß gehen

der Zug, Züge

der Bahnhof, Bahnhöfe

bequem

unbequem

schlecht

teuer

billig

die Umwelt (Sg.)

das Büro, Büros

bei: bei Peter, beim Bäcker

dauern

kurz

lang

kommen

der Mensch, Menschen

nehmen: den Bus nehmen

in: in München, im Büro

jeden Tag

die Stunde, Stunden

der Weg, Wege

weit

zuerst

Ich fahre jeden Tag mit dem Auto /

mit der S-Bahn / mit ...

Ich gehe zu Fuß. / Ich nehme den Bus / ...

Das dauert eine Stunde / ... Minuten.

Ich brauche ... Minuten zur Arbeit / zum ...

1 Wie kommen Sie zum Kurs?

1.1 Wie heißen die Verkehrsmittel? Schreiben Sie.

10

Wiederholung: Wohin? Was passt: *zum* oder *zur*? Ergänzen Sie.

1. Ich gehe immer am Morgen _____ Bäcker. Der Bäcker hat ab 7 Uhr geöffnet.
2. Ich gehe morgen _____ Bürgerbüro. Das Bürgerbüro hat heute geschlossen.
3. Ich gehe gerne _____ Arbeit. Die Arbeit ist toll.

1.2 Wohin fährt Max? Lesen Sie. Ergänzen Sie.

Montag	Dienstag	Mittwoch	Donnerstag	Freitag
10:00 Apotheke	8:00 Arbeit	8:00 Arbeit	8:00 Arbeit	11:30 Bahnhof
15:00 Supermarkt	17:00 Deutschkurs	17:00 Deutschkurs	17:30 Friseur	

1. Max fährt am Montag um 10 Uhr mit dem Fahrrad _zur Apotheke_ .
2. Am Montagnachmittag geht er um 15 Uhr zu Fuß _zum_ _____ .
3. Von Dienstag bis Donnerstag fährt er um 8 Uhr mit der U-Bahn _____ .
4. Am Dienstag und Mittwoch fährt er um 17 Uhr mit der Straßenbahn _____ .
5. Am Donnerstag fährt er um 17:30 Uhr mit dem Bus _____ .
6. Am Freitag fährt er um 11:30 Uhr mit dem Taxi _____ .

1.3 Wie fährt Max? Schreiben Sie. Übung 1.2 hilft.

1. Max fährt mit dem …

1.4 Was passt: *mit dem*, *mit der* oder *mit den …n*? Ergänzen Sie.

1. Fährst du _____ S-Bahn oder _____ Auto zur Arbeit?
2. Ich spreche heute zuerst _____ Chef und dann _____ Kollegin.
3. Gabriela möchte nicht _____ Kinder fahren. Sie kommt alleine.

1.5 Phonetik: Was ist betont? Hören Sie. Sprechen Sie nach.

zur Apo**the**ke – zur **Ar**beit – zu **Freun**den – zum Fri**seur** – zum **Kurs** – zum **Su**permarkt

1.6 Was ist betont? Hören Sie. Markieren Sie.

mit dem **Bus** – mit dem Fahrrad – mit der U-Bahn – mit der S-Bahn
mit dem Zug – mit der Straßenbahn – mit dem Taxi – zu Fuß

10

1.7 Wohin und wie? Sprechen Sie zu zweit wie im Beispiel.

zur Apotheke • zur Arbeit • zu Freunden •
zum Friseur • zum Kiosk • zum Kurs •
zum Markt • zum Supermarkt

mit dem Bus • mit dem Fahrrad • zu Fuß
mit der U-Bahn • mit der S-Bahn • mit dem Zug •
mit der Straßenbahn • mit dem Taxi

💬 Wohin fährst du? 💬 Zur Arbeit.
💬 Und wie? 💬 Mit dem Bus.

1.8 Fahren Sie mit dem Auto oder mit dem Fahrrad? Schreiben Sie fünf Sätze wie im Beispiel.

billig • bequem • gesund • gut/schlecht für die Umwelt • praktisch • teuer • unbequem

*Ich fahre oft mit dem Fahrrad zur Arbeit.
Das ist gut für die Umwelt.
Ich nehme manchmal das Auto.
Das ist ...*

2 Mein Weg ist nicht weit.

2.1 Wo sind die Personen? Wie fahren sie? Wohin? Wie lange brauchen sie? Hören Sie. Verbinden Sie.

	Wo ist ...?	Wie fährt ...?	Wohin fährt ...?	Wie lange braucht ...?
1. Anna	beim Arzt	mit dem Auto	zum Deutschkurs	20 Minuten
2. Ekki	im Supermarkt	mit dem Zug	zum Büro	zwei Stunden
3. Andreas	in der Apotheke	mit der U-Bahn	nach Hause	40 Minuten
4. Emma	in Berlin	mit dem Fahrrad	zu Hans	45 Minuten
5. Shervin	bei Lisa	mit dem Bus	zur Bank	sechs Stunden

2.2 Was passt: *in* oder *bei*? Ergänzen Sie. Übung 2.1 hilft.

1. Anna kauft Medikamente _in_ _der_ Apotheke.
2. Ekki ist jeden Tag _____ Lisa.
3. Andreas hat heute einen Termin _____ Arzt.
4. Emma kauft _____ Supermarkt ein.
5. Shervin macht Urlaub _____ Berlin.

2.3 Wo? Ergänzen Sie.

1. Anna ist _in_ _der_ Bank. Sie muss Geld überweisen.
2. Ekki ist _____ Hans. Sie machen zusammen Hausaufgaben.
3. Andreas arbeitet gerne _____ Büro. Er mag seinen Job.
4. Emma lernt viel _____ Deutschkurs. Sie spricht schon gut Deutsch.
5. Shervin fährt nach Hause. Er liest _____ Zug ein Buch.

2.4 Was machen Sie heute? Wo? Schreiben Sie.

8:00	Termin – Arzt
9:00–11:00	Kurs – Volkshochschule
13:00	einkaufen – Supermarkt
14:15	Termin – Friseur
15:00	Carlos treffen – Café
19:00	zu Abend essen – Carlos

Ich muss heute viel machen!
Ich habe um 8 Uhr einen Termin beim Arzt.
Ich habe dann von 9 bis 11 Uhr ...

2.5 Schreiben Sie Antworten. Sprechen Sie zu zweit. Tauschen Sie dann die Rollen.

💬 Wo wohnen Sie?

💬 _____

💬 Wo machen Sie den Deutschkurs?

💬 _____

💬 Wie fahren Sie immer zum Kurs?

💬 _____

💬 Und wie lange dauert das?

💬 _____

B Zuerst fahren Sie mit der U4.

der Tierpark, Tierparks _____

der Aufzug, Aufzüge _____

die Regionalbahn *(Pl. selten)* _____

aus|steigen _____

bis zum/zur _____

direkt _____

einfach _____

der Hauptbahnhof *(Pl. selten)* _____

der Platz, Plätze _____

die Richtung, Richtungen _____

die Station, Stationen _____

um|steigen _____

nah / nahe _____

online _____

schnell _____

laut _____

der Automat, Automaten _____

die Fahrkarte, Fahrkarten _____

Wie komme ich zum ... / zur ...?

Sie fahren mit dem ... / mit der ... Richtung ...

Sie fahren direkt bis zum ... / zur ...

Dort steigen Sie aus/um.

10

1 Wie komme ich zum Zoo?

1.1 Was passt? Ordnen Sie zu.

aussteigen • dann • Richtung (2x) • Station • umsteigen • zuerst

💬 Entschuldigung, wie komme ich zum Fernsehturm?

💬 Das ist einfach. Sie fahren _____ (1) mit der U1 _____ (2) Warschauer Straße. Sie fahren bis zur _____ (3) Kottbusser Tor. Dort müssen Sie _____. (4) Sie fahren _____ (5) mit der U8 _____ (6) Wittenau.

💬 Und wo muss ich _____ ? (7)

💬 Sie fahren bis zum Alexanderplatz. Dort steigen Sie aus.

🔊 1.2 Wie kommt Kira zum *Nollendorfplatz*? Hören Sie. Markieren Sie.
2.30

1.3 Wie muss Kira fahren? Ordnen Sie. Der Plan in 1.2 hilft.

Kira 14:11 Hi! Ich bin jetzt an der Station Richardstraße (S1, U3). Wie komme ich zum Alexanderplatz?

Lennard 14:15
- [1] Hallo, Kira! Das ist einfach!
- [ ] Dann fährst du vier Stationen mit der U2.
- [ ] Du fährst zuerst mit der S1 Richtung Ostbahnhof.
- [ ] Du fährst bis zur Station Friedrichstraße. Dort steigst du um.
- [ ] Du fährst direkt bis zum Alexanderplatz. Dort steigst du aus und du bist da!

2 Zuerst müssen Sie ....

2.1 Lesen Sie. Korrigieren Sie. Schreiben Sie Sätze wie im Beispiel..

> **Wahib** 10:15
> Hallo, Lea! Möchtest du am Nachmittag etwas machen?

> **Lea** 10:36
> Hi, Wahib! Danke für deine Nachricht! Ich habe am Nachmittag leider keine Zeit. Um 13 Uhr fahre ich zum Bahnhof. Dort hole ich meine Schwester ab. Dann fahre ich zur Volkshochschule. Dort mache ich einen Spanischkurs. Vielleicht können wir morgen etwas machen?

1. Um 11 Uhr fährt Lea zur Post.   *Um 13 Uhr fährt Lea zum Bahnhof.*
2. Dort holt sie ein Paket ab.
3. Dann fährt sie zum Bürgerbüro.
4. Dort hat sie einen Termin.

2.2 Ergänzen Sie Ihre Sätze aus **2.1**.

	Position 1	Position 2	Position 3	
1.	Um 13 Uhr	fährt	Lea	zum Bahnhof.
2.				
3.				
4.				

2.3 Was machen Sie? Schreiben Sie wie im Beispiel.

1. jeden Tag – einen Spaziergang machen
2. von 10 bis 12 Uhr – einen Deutschkurs haben
3. manchmal – Freunde besuchen
4. um 18 Uhr – das Abendessen kochen
5. am Abend – einen Film sehen
6. heute Abend – meine Eltern anrufen

1. Ich mache jeden Tag einen Spaziergang.
Jeden Tag mache ich einen Spaziergang.

2.4 Was machen Sie? Sprechen Sie zu zweit wie im Beispiel. Tauschen Sie dann die Rollen.

nächste Woche • am Wochenende • heute Abend • jetzt • morgen • um ... Uhr • jeden Tag • ...

arbeiten • einen Spaziergang machen • joggen • kochen • schwimmen • ...

💬 Ich mache <u>morgen</u> einen Spaziergang.
💬 <u>Morgen</u> machst du einen Spaziergang.
💬 Ich koche <u>heute Abend</u>.
💬 <u>Heute Abend</u> kochst du.

10

3 Was kostet die Fahrkarte?

3.1 Prüfung: Hören. **Was ist richtig? Hören Sie. Kreuzen Sie an.**

1. Wie viel kostet die Fahrkarte?

   Sie kostet _____.

   a ☐ 2,80 €

   b ☐ 2,90 €

2. Wann fährt der Zug nach Köln?

   Er fährt _____.

   a ☐ um 10 Uhr

   b ☐ in 10 Minuten

3. Wie fahre ich zum Hauptbahnhof?

   Sie fahren mit der _____.

   a ☐ S1

   b ☐ U1

4. Wie lange brauchst du noch?

   Es dauert noch _____.

   a ☐ 5 Minuten

   b ☐ 15 Minuten

3.2 Diktat. **Hören Sie. Schreiben Sie. Sie hören den Text zweimal.**

Heute fahre ich zum Tierpark und nehme den Bus. Die Fahrkarte kostet nur 2 Euro – das ist

_____ (1)! Ich kaufe die Fahrkarte _____ (2). Das geht _____ (3) und ist

_____ (4). Der Tierpark ist _____ (5) und ich kann _____ (6) fahren.

Das ist _____ (7) und _____ (8)!

C Das ist verboten!

erlaubt _____

verboten _____

dürfen _____

rauchen _____

mit|nehmen _____

das Schild, Schilder _____

baden _____

die Angst: Angst haben _____

erst: erst ab 18 _____

der Hund, Hunde _____

komisch _____

der Musiker, Musiker _____

der Platz, Plätze _____

die Regel, Regeln _____

der Spielplatz, Spielplätze _____

das Verbot, Verbote _____

viel / viele _____

warum _____

lustig _____

der Unterricht (Sg.) _____

Man darf hier ... Das ist erlaubt.

... ist/sind hier erlaubt.

Man darf hier nicht ...

Man darf hier kein/e ...

Das ist verboten. Das ist nicht erlaubt.

10

1 Erlaubt oder verboten?

1.1 Was bedeuten die Schilder? Was darf man (nicht)? Schreiben Sie.

1. Schild 1 bedeutet: Man darf hier ...

1.2 Was ist richtig? Lesen Sie. Kreuzen Sie an.

🔵 Hallo?! Sehen Sie das Schild nicht? Sie dürfen hier nicht grillen!

🟢 Wie bitte? Darf ich hier nicht grillen?

🔵 Nein, im Park darf man nicht grillen. Das steht hier.

🟢 Dürfen wir ein Picknick machen?

🔵 Ja, das ist erlaubt. Sie dürfen hier aber kein Bier trinken!

1. ☐ Grillen ist im Park verboten.   2. ☐ Essen ist erlaubt.   3. ☐ Alkohol ist erlaubt.

1.3 Markieren Sie *dürfen* in **1.2**. Ergänzen Sie.

dürfen			
ich	_____	wir	_____
du	*darfst*	ihr	*dürft*
er/es/sie	_____	sie/Sie	_____

1.4 Ergänzen Sie *dürfen*.

1. Ihr _____ hier nicht schwimmen!
2. Du _____ hier nicht essen.
3. Kinder _____ keinen Alkohol trinken.
4. Man _____ erst ab 18 rauchen.

2 Warum ist das verboten?

2.1 Was ist richtig? Hören Sie. Kreuzen Sie an.

1. ☐ Luisa muss immer um 20 Uhr zu Hause sein.
   ☐ Ihr Bruder darf bis 24 Uhr Freunde besuchen.

2. ☐ Man darf in der Nacht keine Musik machen.
   ☐ Der Nachbar von Goran findet das Verbot richtig.

3. ☐ Emma darf kein Essen nach Hause mitnehmen.
   ☐ Emma findet die Regel gut.

2.2 Hören Sie noch einmal. Korrigieren Sie in **2.1**.

10

2.3 Was ist verboten? Wie finden Sie das? Schreiben Sie.

1
im Park

2
im Zug

3
im Bus

4
auf dem Spielplatz

1. Man darf im Park keinen Fußball spielen. Das finde ich …

3 In unserem Kurs darf man …

Was ist im Unterricht erlaubt? Was darf man (nicht)? Und was muss man? Schreiben Sie.

Kaffee trinken • essen • Hausaufgaben machen • pünktlich sein • telefonieren • im Internet surfen

Man darf im Unterricht …

Richtig schreiben

1 Ich muss etwas essen!

1.1 Lesen Sie. Markieren Sie *ss* und *ß*.

💬 Hi, Hamed! Ich komme ein bisschen später. Ich muss zuerst etwas essen!

💬 Ich auch! Essen wir zusammen? Ich kenne ein Restaurant in der Florastraße.

💬 Ja, gerne! Wie heißt das Restaurant?

💬 Ich weiß nicht. Aber die Adresse ist: Florastraße 18. Es ist nicht weit.

💬 Das ist praktisch! Dann komme ich zu Fuß!

💬 Oh, ich sehe online: Das Restaurant ist heute geschlossen … Was jetzt?

1.2 Was passt: *ss* oder *ß*? Ergänzen Sie.

1. Darf man hier Fu____ball spielen?
2. Kannst du bitte die Tür schlie____en?
3. Möchtest du ein Glas Wa____er?
4. Ist der Alexanderplatz gro____?
5. Du hast einen Termin. Nicht verge____en!
6. Holst du morgen den Pa____ ab?

2 Wie muss ich fahren?

Julian ist an der Station *Hermannstraße*. Wie kommt er zur *Friedrichstraße*? Wie lange dauert das? Schreiben Sie. Der Plan auf Seite 114 hilft.

18:31 — U1 — U2 — 18:50

⏱ 19min   🔁 1×   💶 3,00 €

Hallo, Julian! Zuerst fährst du mit der U1 Richtung …

Alles klar?

1 Wortschatz

Welches Wort passt? Ergänzen Sie. (5 Punkte)

1. Ich fahre jeden Tag mit dem Auto zur Arbeit. Das dauert oft eine S_____.

2. Ich fahre immer mit dem Fahrrad. Das ist gut für die U_____.

3. Sie können direkt fahren und müssen nicht u_____.

4. Hunde sind auf dem Spielplatz nicht e_____.

5. Man darf im Zug nicht rauchen. Ich finde das V_____ richtig.   ___/5 Punkte

0–3 Punkte? Bitte noch üben!

2 Grammatik

Was passt: *mit*, *bei* oder *in*? Ergänzen Sie. (5 Punkte)

1. Du fährst _mit_ _dem_ Zug bis zur Station Ostkreuz, dann _____ S-Bahn bis zum Hauptbahnhof.

2. Ich bin jetzt noch _____ Bäcker. Um 11 Uhr bin ich _____ Apotheke.

3. Ich habe heute einen Termin _____ Ärztin _____ München.

4. Kann ich _____ Bus _____ Busfahrer eine Fahrkarte kaufen?

5. Wir arbeiten oft zusammen _____ Kolleginnen aus Köln.   ___/5 Punkte

0–3 Punkte? Bitte noch üben!

3 Kommunikation

Wie muss Sharin fahren? Ergänzen Sie. Der Plan auf Seite 114 hilft. (10 Punkte)

> **Sharin** 08:25
> Guten Morgen! Ich bin jetzt an der Station Stadtmitte (U4). Wie komme ich zur Friedrichstraße?
>
> **Sie** 08:30
> Hallo, Sharin! Das ist einfach!

Zuerst _____ mit der U4 _____ Schönholz. (1)

Du fährst _____ _____ Hauptbahnhof. Dort _____ _____. (2)

Dann _____ _____ S1 _____ Ostbahnhof. (3)

Du fährst _____ _____ Friedrichstraße. (4)

Dort _____ _____ und du bist da! (5)   ___/10 Punkte

0–5 Punkte? Bitte noch üben!

Wichtige Wörter

1 Ich gehe heute …

1.1 Wie heißen die Orte und Verkehrsmittel? Schreiben Sie.

1.2 Hören Sie. Kontrollieren Sie.

1.3 Was müssen Sie oder möchten Sie machen? Wohin gehen Sie? Arbeiten Sie zu zweit. Schreiben Sie fünf Karten wie im Beispiel.

Wir müssen ein Paket abholen. ⇄ *Wir gehen zur Post.*

1.4 Arbeiten Sie zu viert. Sprechen Sie wie im Beispiel. Kontrollieren Sie.

💬 Wir müssen ein Paket abholen. Wohin gehen wir?   💬 Ihr geht zur Post!

2 Ich fahre oft mit ...

2.1 Mit welchen Verkehrsmitteln fahren Sie oft, manchmal, nie? Schreiben Sie.

oft	manchmal	nie
mit dem Bus	...	...

2.2 Vergleichen Sie Ihre Antworten aus 2.1. Sprechen Sie zu zweit.

💬 Fährst du oft mit dem Bus? 💬 Ja, sehr oft! Ich fahre immer mit dem Bus zur Arbeit.

2.3 Arbeiten Sie zu viert. Wohin fahren Sie? Wie? Zeichnen Sie. Die anderen raten.

💬 Du fährst mit dem Auto zur Bank.
💬 Das ist kein Auto. Das ist ein Taxi!
💬 Du fährst mit dem Taxi zur Bank.

Prüfungstraining

1 Hören Teil A (telc A1)

1.1 Welche Informationen sind wichtig? Lesen Sie. Schreiben Sie wie im Beispiel.

1. Ein Kilo Äpfel kostet heute 2 €.   2. Anton hat ein Problem.   3. Der Supermarkt öffnet um 7 Uhr.

1 kg Äpfel

heute

2 Euro

1.2 Richtig oder falsch? Hören Sie. Kreuzen Sie an. Sie hören die Texte zweimal.   richtig   falsch
🔊 2.35

1. *Situation:* Sie sind im Supermarkt und hören eine Information.
   Ein Kilo Äpfel kostet heute 2 €.

2. *Situation:* Sie hören eine Nachricht.
   Anton hat ein Problem.

3. *Situation:* Sie sind im Supermarkt und hören eine Information.
   Der Supermarkt öffnet um 7 Uhr.

1.3 Bereit? Lesen Sie die Tipps. Lösen Sie die Prüfungsaufgabe.

Lesen Sie zuerst die Situation und die Aussage: Welche Informationen sind wichtig?
Hören Sie dann: Sind alle Informationen richtig?
Kontrollieren Sie Ihre Antwort beim zweiten Hören.
Kreuzen Sie immer eine Antwort an.

Und jetzt wie in der Prüfung! ···

🔊 2.36 Richtig oder falsch? Hören Sie. Kreuzen Sie an. Sie hören die Texte zweimal.   richtig   falsch

1. *Situation:* Sie hören eine Nachricht.
   Sonja kann nicht pünktlich kommen.

2. *Situation:* Sie sind im Supermarkt und hören eine Information.
   Ein Kilo Fleisch kostet 11,98 €.

3. *Situation:* Sie sind in der U-Bahn und hören eine Information.
   Die U2 fährt heute nicht bis zum Alexanderplatz.

4. *Situation:* Sie hören eine Nachricht.
   Bian möchte morgen Deutsch lernen.

2 Lesen Teil 3 (Start A1)

2.1 Welche Informationen sind wichtig? Lesen Sie. Markieren Sie.

Es ist 15:30 Uhr am Dienstag. Sie können mit der Ärztin sprechen.

2.2 Sie sind bei der Ärztin. Wo finden Sie die Informationen aus 2.1? Lesen Sie. Markieren Sie.

> **Arztpraxis Dr. Sarah Khalil**
> Sprechstunde:
>
> Mo – Fr   9:00 – 12:30 Uhr
>
> Mo, Di, Do   15:00 – 18:00 Uhr

2.3 Richtig oder falsch? Lesen Sie noch einmal in 2.2. Kreuzen Sie an.   richtig   falsch

Bei der **Ärztin**

Es ist 15:30 Uhr am Dienstag. Sie können mit der Ärztin sprechen.   ☐ ☐

2.4 Bereit? Lesen Sie die Tipps. Lösen Sie die Prüfungsaufgabe.

Lesen Sie zuerst die Aussage. Markieren Sie: Was ist wichtig?
Lesen Sie dann den Text. Markieren Sie passende Informationen.
Vergleichen Sie: Ist die Aussage richtig oder falsch?
Kreuzen Sie immer eine Antwort an.

Und jetzt wie in der Prüfung!

Richtig oder falsch? Lesen Sie. Kreuzen Sie an.   richtig   falsch

1. Im **Bahnhof**

> Im Bahnhof ist Rauchen verboten.

Sie dürfen hier nicht rauchen.   ☐ ☐

2. Beim **Friseur**

> **Öffnungszeiten Salon HAIRlich**
> Di – Fr   9:00 – 18:30 Uhr
> Sa   8:00 – 12:00 Uhr

Sie können am Samstagnachmittag zum Friseur gehen.   ☐ ☐

3. Bei der **Agentur für Arbeit**

> Rufen Sie uns an oder vereinbaren Sie online einen Termin:
> www.arbeitsagentur.example.org

Sie können einen Termin am Telefon vereinbaren.   ☐ ☐

4. An der **Busstation**

> **Bus 21**
> Am Samstag und Sonntag fährt der Bus 21
> zwischen 8 und 16 Uhr einmal pro Stunde.

Sie können am Samstagabend um 21 Uhr mit dem Bus fahren.   ☐ ☐

Hörtexte

Hier finden Sie alle Hörtexte, die nicht oder nicht vollständig im Buch abgedruckt sind.

1 Willkommen!

A, 2.5 und 2.7

- Guten Tag. Ich bin Milena Ampi. Wie heißen Sie?
- Guten Tag. Ich bin Dilan Sayar.
- Woher kommen Sie, Herr Sayar?
- Ich komme aus der Türkei. Und Sie, Frau Ampi?
- Ich komme aus Griechenland.

B, 1.1

eins
Hallo! Ich bin Timo. Ich spreche Deutsch und ein bisschen Englisch.

zwei
Hallo! Ich heiße Enisa. Ich komme aus Syrien. Ich spreche Arabisch, Englisch und ein bisschen Deutsch.

drei
Hallo! Ich heiße Nava. Ich komme aus dem Iran. Ich spreche Farsi und ein bisschen Deutsch.

vier
Hallo! Ich bin Adar. Ich komme aus der Türkei. Ich spreche Türkisch und Deutsch.

B, 3.2

eins
- Wie heißen Sie?
- Ich bin Chuong Le.
- Wie bitte? Wie schreibt man das?
- Ich buchstabiere: Chuong: C-H-U-O-N-G. Und Le: L-E.
- Danke!

zwei
- Wie heißen Sie?
- Ich heiße Katja Marx.
- Oh. Wie schreibt man das?
- Ich buchstabiere: Katja: K-A-T-J-A. Und Marx: M-A-R-X.
- Danke!

drei
- Wie heißen Sie?
- Mein Name ist Lideya Prem. Ich buchstabiere: Lideya: L-I-D-E-Y-A. Und Prem: P-R-E-M.
- Danke!

B, 3.3

eins
Guten Tag, ich heiße Anna Müller. Ich buchstabiere: M-Ü-L-L-E-R.

zwei
Hallo! Ich bin Peter Jäger. Ich buchstabiere: J-Ä-G-E-R.

drei
Guten Tag. Mein Name ist Frida Weiß. Ich buchstabiere: W-E-I-ß.

vier
Hallo! Ich bin Thomas Götz. Ich buchstabiere: G-Ö-T-Z.

B, 4.1

- Wie heißt du?
- Ich heiße Marley Salich.
- Wie bitte? Wie schreibt man das?
- Ich buchstabiere. Marley: M-A-R-L-E-Y. Salich: S-A-L-I-C-H.
- Danke! Woher kommst du?
- Ich komme aus dem Sudan.
- Und welche Sprachen sprichst du?
- Ich spreche Arabisch, Englisch und ein bisschen Deutsch.

C, 2.2

eins
- Guten Tag, Herr Chang, wie geht es Ihnen?
- Guten Tag, Frau Li! Super! Und wie geht es Ihnen?
- Gut, danke.

zwei
- Hallo, Lena! Wie geht es dir?
- Hi, Max! Uff, schlecht. Sehr schlecht.

drei
- Erik, wie geht es dir? Nicht so gut?
- Na ja, es geht.

C, 3.4

- Guten Tag! Ich bin Dimitri Antoniou. Ich komme aus Griechenland. Ich spreche Griechisch, Deutsch und ein bisschen Englisch. Sie sind Frau Maier? Und Sie kommen aus Deutschland?
- Ja, richtig! Ich heiße Rebecca Maier und ich komme aus Berlin.

2 Berufe

A, 2.1

- Hi! Ich heiße Kasia. Ich bin neu im Kurs. Ich komme aus Polen. Ich bin Lehrerin von Beruf, aber ich arbeite jetzt als Verkäuferin.
- Hallo! Ich bin Ahmed und ich komme aus Basra, aus dem Irak. Ich bin Lehrer von Beruf. Aber nicht in Deutschland. Ich arbeite jetzt als Kellner.

B, 1.1

- Hallo! Ich heiße Ajak. Ich komme aus dem Sudan, aber ich wohne schon lange in Köln, in Deutschland. Und du?

- Ich bin Miray. Ich komme aus der Türkei. Ich bin Regisseurin von Beruf. Und ich wohne und arbeite auch in Köln.
- Du machst Filme? Interessant! Ich mache auch Filme! Ich arbeite auch als Regisseur! Aber ich arbeite in Bonn.
- Und welche Sprachen sprichst du?
- Ich spreche Arabisch und Englisch. Und ich lerne jetzt Deutsch! Und du?
- Ich spreche Türkisch und Englisch. Und ich lerne jetzt auch Deutsch.
- Super!

B, 2.2

Das sind Irina und Ahmadi. Irina kommt aus Rumänien und Ahmadi kommt aus Afghanistan. Sie wohnen schon lange in Stuttgart. Ahmadi spricht Dari und Russisch. Irina spricht Rumänisch. Irina und Ahmadi lernen Deutsch. Irina ist Altenpflegerin von Beruf, aber sie arbeitet als Friseurin. Ahmadi arbeitet nicht. Er studiert.

B, 3

Hi! Ich bin Lina. Lina Manushkina. Ich buchstabiere: M-A-N-U-S-H-K-I-N-A. Ich komme aus Bulgarien, aber ich wohne jetzt in Bonn, in Deutschland. Ich spreche Bulgarisch, Deutsch und Englisch. Ich bin Verkäuferin von Beruf. Aber ich arbeite jetzt nicht. Ich studiere und ich tanze.

C, 1.2

- Hallo, Bart! Wie ist deine Telefonnummer?
- Hi, ähm ... Meine Telefonnummer ist 0162 208 ...
- 0162 208 ...
- ... 9982.
- 9982. Danke. Und wie ist die Telefonnummer von Amy?
- Die Telefonnummer von Amy ist 030 688 ...
- 030 688 ...
- 31 748.
- Entschuldigung, 31 478?
- Nein, 31 748.
- Ah, danke. Und wie ist die Telefonnummer von Murat?
- Die Telefonnummer von Murat ist 0049 341 2565 9113.
- Okay: 0049 341 2565 9113 – Super! Danke!

C, 4.2 und 4.3

Vorname – Nachname – Adresse – Straße – Hausnummer – Postleitzahl – Telefonnummer – Beruf

Wichtige Wörter 1

2.1

- Guten Tag, Frau Khalil! Sie sind Ärztin von Beruf. Wo arbeiten Sie?
- Guten Tag. Ich arbeite in Berlin. Die Adresse ist: Bersarinstraße 4.
- Wie bitte?
- Bersarinstraße. Ich buchstabiere: B-E-R-S-A-R-I-N-Straße. Hausnummer 4. Die Postleitzahl ist 10930.
- 1-0-9-3-0. Danke! Und die Telefonnummer?
- Die Telefonnummer ist 0049 30 688 317 48.
- 0049 30 688 ...
- 317 48.
- Super! Danke!

3 Orte und Dinge

A, 2.1 und 2.2

Hi, ich bin Jana und ich lerne Deutsch. Hier mache ich Hausaufgaben. Hier ist eine Bank, ein Stift und ein Heft. Ich schreibe viel. Hier ist kein Handy, das ist gut! Hier ist aber leider auch keine Tasche und kein Tisch.

C, 1.1

- Meier.
- Guten Tag. Turgut Kargi hier.
- Guten Tag.
- Ich brauche Hilfe, der Herd ist kaputt.
- Ah, der Herd funktioniert nicht? Kein Problem, ich helfe gerne. Wie ist Ihr Name?
- Turgut Kargi. K-A-R-G-I.
- Turgut Kargi. Okay, Herr Kargi. Wie ist die Adresse?
- Die Adresse ist: Bismarckstraße 14, 86159 in Augsburg.
- Hausnummer 14, 86159 in Augsburg. Gut, danke! Und die Telefonnummer, bitte.
- Gerne. Meine Telefonnummer ist 0162 208 14 30.
- 0162 208 14 30. Gut, ich komme!
- Danke!

C, 3.2

eins
Guten Tag! Schäfer hier. Ist der Herd noch da?
zwei
Wow! Das Sofa ist sehr groß!
drei
Ich habe eine Frage: Wie viel kostet die Waschmaschine?

Hörtexte

4 Familie

A, 2.1 und 2.2

- Hallo, Timur. Das Foto ist interessant. Wer ist das?
- Hallo, Helena. Das ist meine Familie. Hier sind meine Brüder: Radan und Juri.
- Du hast zwei Brüder? Toll. Wo wohnen deine Brüder?
- Sie wohnen in Rumänien.
- Ah ja! Und wer ist das?
- Das sind meine Schwestern: Maya und Anka.
- Wohnen sie auch in Rumänien?
- Ja, in Bukarest.
- Ah ja. Und hier?
- Das sind meine Onkel und Tanten. Ich habe sechs Onkel und fünf Tanten! Und das sind meine Eltern.
- Was machen deine Eltern beruflich?
- Meine Mutter ist Busfahrerin und mein Vater ist Näher.
- Oh, interessant!
- Ja, oder?

A, 3.1

Ich heiße Sarah. Ich bin 38 Jahre alt und ich wohne in Berlin. Ich arbeite als Altenpflegerin.
Hier ist mein Sohn Julian. Er ist 10 Jahre alt. Das sind meine Eltern: Mein Vater heißt Hans und er ist Polizist von Beruf. Meine Mutter heißt Sonja und sie ist Lehrerin.

A, 3.3

eins
- Wie alt ist der Sohn von Eike?
- Er ist 7 Jahre alt.

zwei
- Wo wohnt Ally?
- Sie wohnt in der Florastraße 19.

drei
- Wie heißt der Vater von Bader?
- Ich buchstabiere: M-A-Z-E-N.

vier
- Wie viele Geschwister hat Jakob?
- Er hat 3 Brüder.

C, 1.1

- Guten Tag, Frau Ghobril, Sie schreiben Bücher.
- Guten Tag. Ja, richtig. Ich schreibe Kinderbücher auf Deutsch und auf Arabisch.
- Ihre Eltern sprechen Deutsch und Arabisch?
- Ja. Mein Vater kommt aus dem Libanon. Er spricht Arabisch. Meine Mutter kommt aus Österreich. Sie spricht Deutsch.
- Sehr interessant. Was sind Ihre Eltern von Beruf?
- Meine Mutter ist Altenpflegerin. Mein Vater ist Koch.
- Und Sie, Frau Ghobril? Wie ist Ihr Familienstand?
- Ich bin verheiratet und ich habe drei Kinder: Zwei Töchter und einen Sohn.
- Und wo wohnen Sie?
- Entschuldigung, das sage ich nicht. Das ist privat.
- Verstehe. Vielen Dank für das Gespräch!
- Gerne!

C, 2.7

eins
Wie viele Geschwister haben Sie?
zwei
Wie ist Ihr Familienstand?
drei
Wen besuchen Sie oft?
vier
Wie viele Kinder haben Sie?

Prüfungstraining 2

1.2

eins
- Wie viel kostet das Regal?
- Es kostet 80 Euro.

zwei
- Wie schreibt man deinen Namen?
- Ich buchstabiere: M-A-R-C.

drei
- Wo wohnst du?
- Ich wohne in Bern.

Hören Teil B

eins
- Wie schreibt man Ihren Familiennamen?
- Ich buchstabiere: H-A-M-W-I.

zwei
- Wo wohnen Sie?
- Ich wohne in der Florastraße 94.

drei
- Was ist Herr Lange von Beruf?
- Herr Lange ist Lehrer.

vier
- Wie viel kostet der Kühlschrank?
- Er kostet 395 Euro.

fünf
- Wo wohnt Daniel jetzt?
- Er wohnt in Frankfurt.

5 Alltag und Freizeit

A, 3.1 und 3.2

- Hallo, Ahmed! Wie geht's?
- Hallo, Safaa! Danke, gut. Und dir?

- Auch gut. Ich koche am Abend. Kommst du auch?
- Ich habe heute keine Zeit. Ich gehe zur Arbeit.
- Schade. Und morgen? Hast du morgen Zeit? Kochen wir zusammen?
- Ja, ich habe morgen Zeit.
- Super! Bis morgen!

B, 1.3 und 1.4
- Kennen Sie die Stadt Wuppertal? Wuppertal ist klein, aber nicht langweilig! Welche Tipps haben Sie?
- Hallo! Ich heiße Yusuf. Mein Tipp ist der Zoo. Mein Sohn Bruno ist vier Jahre alt. Der Zoo ist für Bruno sehr interessant. Wir machen einen Spaziergang, Bruno sieht Tiere und ich trinke einen Tee. Der Zoo ist toll für Kinder und Eltern.
- Guten Tag. Ich heiße Liao. Ich finde das Sprachcafé toll. Es ist sehr international. Ich treffe hier Leute aus China, aus der Ukraine, aus der Türkei … Wir trinken dann einen Kaffee und lernen zusammen Deutsch.
- Guten Morgen! Ich heiße Andrea und ich bin neu in Wuppertal. Ich schwimme gern und das Schwimmbad in Wuppertal ist toll. Es ist 60 Jahre alt, aber es ist sehr modern! Der Eintritt kostet nur 3 Euro! Das ist super!
- Hallo, ich bin Anne! Ich finde den Nordpark perfekt. Ich mache hier oft einen Spaziergang, lese ein Buch oder ich schlafe ein bisschen.
- Vielen Dank für die Tipps. Haben Sie noch Tipps? Rufen Sie dann …

B, 1.8
Das ist Ella. Sie ist Ärztin und ihr Mann ist Arzt. Sie haben viele Hobbys. Sie lesen Bücher, sie sehen Filme und sie essen gern. Ella fährt gern Fahrrad. Sie singt auch sehr gut. Ihr Mann trifft gern Freunde und er spricht viele Sprachen: Arabisch, Englisch und ein bisschen Spanisch.

C, 1.4
- Fußballverein Fortuna Reutlingen. Hier ist Andreas Fein.
- Hallo, hier ist Sabine Fabinger. Ich habe eine Frage: Haben Sie Fußballkurse für Kinder und Frauen?
- Ja, wir haben Kurse für alle! Für Männer, aber auch für Kinder und Frauen.
- Super. Wie viel kosten die Kurse?
- Für Kinder sechs Euro. Für Männer und Frauen acht Euro.
- Okay. Und wo sind die Kurse?
- Die Kurse sind in der Bahnhofstraße 64.
- Danke.

C, 1.5
- Und wann sind die Kurse?
- Der Kinderkurs ist am Mittwochnachmittag und am Freitagnachmittag.
- Und der Kurs für Frauen?
- Hm … Der Kurs für Frauen ist am Montagabend und am Mittwochabend. Moment. Ja, am Montag- und Mittwochabend. Und der Kurs für Männer ist am Dienstagabend und Donnerstagabend.
- Vielen Dank!
- Gern, Frau Fabinger.

Alles klar? 3
eins
Ich schwimme jetzt. Das macht Spaß! Schwimmst du auch gern?
zwei
Ich habe ein Hobby. Ich boxe! Im Verein!
drei
Hast du am Sonntag Zeit?
vier
Wir spielen am Sonntag Fußball. Kommst du auch?
fünf
Hast du am Nachmittag Zeit?

6 Arbeitszeiten

A, 1.4
eins
- Entschuldigung, wie viel Uhr ist es?
- Moment … Es ist zwanzig nach eins.
- Okay, zwanzig nach eins. Danke, dann habe ich Zeit.

zwei
- Entschuldigung, wie spät ist es jetzt?
- Ich glaube, Viertel vor vier.
- Vier?
- Viertel vor vier.
- Ach so, danke!

B, 3.2
Mariem ist Ärztin von Beruf. Sie arbeitet viel, aber nicht am Wochenende. Sie kauft am Samstag im Geschäft ein. Sie holt dann ein Paket ab und sie räumt zu Hause auf. Der Sonntag ist ihr Lieblingstag: Sie steht sehr spät auf. Sie macht das Handy aus, sie trinkt dann lange Kaffee und sie liest ein Buch.

C, 1.2
- Olga Schmitt.
- Hallo, Frau Schmitt, hier ist Simazek.
- Oh, guten Tag, Frau Simazek.

Hörtexte

🔵 Frau Schmitt. Der Dienstplan stimmt leider nicht: Sie haben am Montag und Dienstag Nachtschicht. Das ist richtig. Aber Sie haben am Mittwoch nicht frei. Sie haben Nachtschicht. Frau Bai hat am Mittwoch Urlaub. Und am Freitag und Samstag haben Sie Spätschicht, keine Frühschicht. Frau Brod hat am Freitag und Samstag Frühschicht. Am Sonntag haben Sie dann frei. Das ist wieder richtig.
🟢 Okay … ich habe also am Montag, Dienstag und Mittwoch Nachtschicht, am Donnerstag frei, am Freitag und Samstag Spätschicht und am Sonntag frei?
🔵 Ja. Ist das ein Problem?
🟢 Nein, alles gut! Vielen Dank und bis Montag!
🔵 Bis Montag!

C, 2.1 und 2.2

🔵 Supermarkt Hill, mein Name ist Corinna Becker.
🟢 Guten Tag, Frau Becker, mein Name ist Li Wong, ich suche einen Job. Ich bin Verkäuferin.
🔵 Guten Tag, Frau Wong. Ja, wir brauchen noch Verkäuferinnen und Verkäufer.
🟢 Super. Wie sind die Arbeitszeiten?
🔵 Die Verkäuferinnen und Verkäufer arbeiten von Montag bis Samstag. Ein Tag in der Woche ist frei.
🟢 Und von wann bis wann geht die Arbeit?
🔵 Sie arbeiten im Schichtdienst. Wir haben eine Frühschicht, von 7 bis 15 Uhr. Und wir haben eine Spätschicht, von 15 bis 23 Uhr. Der Supermarkt schließt um halb elf.
🟢 Ah. Und was mache ich? Was sind meine Aufgaben?
🔵 Am Morgen holen Sie zuerst den Schlüssel ab, dann kontrollieren Sie die Regale und räumen auf. Sie machen …

1.2

Ich stehe spät auf. – Ich habe Spätschicht. – Ich spreche Spanisch. – Ich spiele Tischtennis.

Wichtige Wörter 3

1.3

🔵 Hallo, Nico! Guten Morgen! Laufen wir heute?
🟢 Guten Morgen, Hamad. Ja, gerne! Wann?
🔵 Jetzt?
🟢 Hamad, es ist halb neun am Morgen! Ich stehe jetzt auf!
🔵 Stehst du immer so spät auf? Na ja, dann laufen wir später am Tag! Was machst du heute?
🟢 Am Vormittag putze ich die Küche. Die Eltern von Renee kommen am Mittag. Wir essen zusammen.
🔵 Schön! Renee ist deine Freundin, richtig?
🟢 Ja. Sie ist toll. Aber ich kenne ihre Eltern noch nicht so gut … Na ja. Laufen wir am Nachmittag?

🔵 Ja, gerne! Hast du heute Abend auch Zeit? Mohammed und ich sehen am Abend um acht Uhr einen Film. Kommst du auch?
🟢 Oh ja, sehr gerne! Aber ich gehe um halb elf nach Hause …
🔵 Okay …? Gehst du um elf Uhr schon ins Bett?
🟢 Nein! Du weißt, meine Familie wohnt in Kolumbien und wir telefonieren oft in der Nacht. Also, für mich in Deutschland ist es Nacht, für sie nicht.
🔵 Okay, verstehe! Familie ist wichtig. Gut, dann bis heute Nachmittag!
🟢 Ja, bis dann!

Prüfungstraining 3

2.1, 2.2 und 2.3

Hallo, Zeda! Lea hier. Um halb zwei habe ich keine Zeit. Ich arbeite heute von acht bis zwei Uhr. Um zwei Uhr habe ich aber frei. Ich komme um Viertel nach zwei, okay? Bis später!

Hören Teil 3

eins
Hallo, Jakob! Elias hier. Morgen mache ich um drei Uhr ein Picknick. Kommst du auch? Hast du am Nachmittag Zeit? Oder ist dein Tanzkurs am Nachmittag? Tschüs!

zwei
Herzlich Willkommen im Zoo! Unsere Öffnungszeiten sind von Dienstag bis Freitag von zehn bis halb sieben und am Samstag und Sonntag von neun bis acht Uhr. Wir haben am Montag geschlossen.

drei
Hallo, Peter! Jamila hier. Ich arbeite noch bis Viertel nach fünf und ich gehe dann um halb sechs nach Hause. Ich bin um sechs Uhr zu Hause. Bis später!

vier
Guten Morgen, Herr Büchner. Wir haben ein Problem. Der Dienstplan ist neu. Sie haben nicht am Freitag frei, Sie haben am Samstag frei. Am Sonntag haben Sie dann Frühschicht. Ist das okay für Sie?

fünf
Hallo, Frau Hadiri. Hier ist Felix Löwenstein. Ich komme leider später. Mein Auto ist kaputt. Ich fahre jetzt Fahrrad. Bis später!

7 Essen

A, 2.1 und 2.2

🔵 Hi, Simon! Hallo, Greta! Ich koche heute Abend. Kommt ihr?
🟢 Hallo, Amara! Oh ja! Ich komme gern.
🟠 Ja, ich auch! Was kochst du?

- 🔵 Mögt ihr Reis mit Fleisch, Ei und Gemüse? Also, Paprika, Tomaten ...?
- 🟢 Ja, gern! Ich esse sehr gerne Reis. Und Eier mag ich auch. Aber ich esse keine Paprika.
- 🔵 Kein Problem! Und du, Greta? Was magst du nicht?
- 🟠 Hm ... Ich mag kein Schweinefleisch, aber ich esse gerne Rindfleisch.
- 🔵 Auch kein Problem! Ich mache dann Rindfleisch. Und was trinkt ihr gern?
- 🟢 Ich mag keinen Wein und ich trinke auch kein Bier. Ich trinke aber gerne Saft.
- 🟠 Ich mag auch keinen Wein. Saft ist aber okay. Ich trinke gerne Saft.
- 🔵 Super, dann bis heute Abend!

B, 1.1 und 1.2

- 🔵 Guten Tag, ich bin Gerrit Makese und ich spreche heute mit Frau Yiran Stieler. Frau Stieler, Sie sind Autorin. Ihr Buch heißt: „Gesund essen". Wie isst man gesund?
- 🟢 Guten Tag! Wichtig ist: Was und wie viel! Viel Fleisch, Wurst und Käse sind nicht gesund.
- 🔵 Leider! Man isst in Deutschland gerne Fleisch oder Käse.
- 🟢 Stimmt. Aber viele Menschen in Deutschland essen auch schon vegan. Das ist gut.
- 🔵 Frau Stieler, sind Nudeln gesund? Ich esse gern Nudeln.
- 🟢 Ja, in der Woche sind 1,6 Kilogramm Nudeln oder Kartoffeln okay. Wichtig ist aber: Viel Obst und Gemüse: 1,8 Kilogramm Obst in der Woche.
- 🔵 1,8 Kilogramm Obst? Wow, das ist viel! Und wie viel Gemüse ist gesund?
- 🟢 2,1 Kilogramm.
- 🔵 2,1 aha! Und wie viel Brot ist gesund? In Deutschland isst man gern Brot.
- 🟢 Ja, stimmt. Brot ist in Deutschland sehr beliebt. Gesund sind zwei Brötchen am Tag, in der Woche ist das 1,1 Kilogramm Brot.
- 🔵 1,1 Kilogramm! Das ist gut. Ich esse sehr gerne Brot. Brot mit Wurst! Frau Stieler, wie viel Wurst ist gesund?
- 🟢 Man sagt: 0,6 Kilogramm Fleisch und Wurst in der Woche sind okay.
- 🔵 Nur 600 Gramm? Das ist nicht viel! Ich esse so gerne Wurst ... Und Frau Stieler, sind Eier auch gesund?
- 🟢 Ja, Eier sind gesund. Aber nur drei pro Woche!
- 🔵 Nur drei!?
- 🟢 Herr Makese, ich glaube, Sie essen noch nicht so gesund.
- 🔵 Ich weiß, ich weiß! Aber vielen Dank für das Gespräch!
- 🟢 Gern!

B, 3.4

eins
- 🔵 Guten Tag, 200 Gramm Fisch, bitte.
- 🟢 Wir haben heute leider keinen Fisch.
- 🔵 Kein Problem! Dann 300 Gramm Rindfleisch, bitte.
- 🟢 Gerne, 300 Gramm Rindfleisch. Bitte schön. Das kostet 6,60 Euro.
- 🔵 Danke. Hier, bitte. Auf Wiedersehen.

zwei
- 🔵 Entschuldigung, was kostet ein Kilo Tomaten?
- 🟢 Ein Kilo Tomaten kostet 2,70 Euro.
- 🔵 Okay und was kostet der Salat?
- 🟢 1,25 Euro.
- 🔵 Gut, dann bitte ein Kilo Tomaten und den Salat, bitte.
- 🟢 Sehr gern, das kostet dann zusammen 3,95 Euro.

B, 4

eins
Was brauchen wir?
zwei
Wie viel kostet eine Flasche Wein?
drei
Magst du Gyros?
vier
Was essen die Deutschen gerne?

C, 3

Guten Tag. Ich hätte gerne vier Liter Milch, acht Flaschen Wasser, 80 Gramm Salat, zwei Kilogramm Kartoffeln und ein Stück Käse, bitte.

8 Eine Party organisieren

A, 1.4

- 🔵 Guten Tag! Man sagt: Menschen in Deutschland frühstücken viel und früh. Aber stimmt das auch? Ich frage heute drei Personen. Frau Kissel, was und wann frühstücken Sie am Sonntag?
- 🟢 Ich schlafe am Sonntag lange! Ich frühstücke meistens um elf Uhr. Ich esse dann gern Brötchen mit Käse oder Schinken – und ich trinke einen Tee. Kaffee trinke ich nie.
- 🔵 Verstehe. Vielen Dank! Und Sie, Herr Bettermann?
- 🟠 Ich frühstücke schon um sechs Uhr, aber ich esse nur ein bisschen Obst.
- 🔵 Wirklich? Sie frühstücken schon um sechs Uhr am Sonntag?
- 🟠 Ja, ich bin Altenpfleger, um sieben Uhr arbeite ich schon!
- 🔵 Das ist früh! Danke. Und Sie, Frau Hossein?

Hörtexte

- Ich frühstücke am Sonntag nichts, ich trinke oft nur einen Milchkaffee. Ich esse aber früh zu Mittag: schon um halb zwölf.
- Vielen Dank! Wir hören also: Nicht alle Menschen in Deutschland frühstücken viel und früh!

B, 3.1

- Hallo, Yagis. Am Sonntag ist unsere Kursparty. Was bringst du mit?
- Ich organisiere die Musik. Musik ist sehr wichtig bei einer Party. Ich tanze gerne!
- Ja, stimmt! Ich finde Musik bei einer Party auch wichtig. Aber ich tanze nicht!
- Alles klar. Was noch? Wir brauchen viel Essen! Das ist wichtig.
- Oh ja, Essen ist sehr wichtig. Wir können einen Kuchen backen und etwas kochen: etwas mit Fleisch und etwas ohne Fleisch. Und alle können Getränke mitbringen.
- Ja, sehr gut. Wir brauchen Wein und Bier. Alkohol ist wichtig!
- Alkohol? Wichtig? Wir machen eine Kursparty! Um 15 Uhr am Nachmittag! Wir brauchen keinen Alkohol!
- Schade! Na ja, Wasser, Tee und Saft sind auch okay.
- Wir brauchen aber Spiele! Spiele sind wichtig: Ich spiele sehr gerne.
- Spiele? Ich weiß nicht. Wir können Fußball spielen oder …

B, 3.3

Hallo, Lizzy! Ayla hier. Vielen Dank für die Einladung. Ich kann am Sonntag leider nicht kommen. Meine Eltern kommen am Nachmittag. Du weißt, sie kommen nicht oft. Ich habe am Abend leider auch keine Zeit. Ich arbeite jetzt als Kellnerin im Restaurant *Sudaka*. Viele Grüße und bis bald!

Wichtige Wörter 4

1.3

- Hi, Lena! Kochen wir heute zusammen? Vielleicht eine Tomatensuppe und Gemüsereis mit Hähnchen?
- Ja, lecker!
- Okay, wir brauchen dann Tomaten, Reis, Hähnchen und Gemüse. Und Brot vielleicht?
- Ja, gerne Brötchen!
- Gut, vier Brötchen. Noch etwas? Obst vielleicht? Isst du Birnen?
- Nein, Birnen mag ich nicht so. Ich esse lieber Äpfel.
- Okay, dann kaufen wir Äpfel. Ich esse ja sehr gerne Apfelkuchen … Wir können einen Kuchen backen!
- Oh ja, Kuchen! Lecker! Aber backen!? Wir können im Supermarkt einen Kuchen kaufen!
- Ja, das machen wir! Und was trinken wir? Saft oder Tee?
- Gerne Saft.
- Okay, dann kaufen wir noch Saft. Trinkst du auch Wein? Wir können eine Flasche Wein kaufen.
- Oh ja, sehr gerne!

Prüfungstraining 4

1.2 und 1.3

- Livi, möchtest du einen Kaffee?
- Ja, gerne.
- Mit Milch und Zucker?
- Ohne Milch, bitte. Ich trinke keine Milch. Aber gerne mit ein bisschen Zucker.
- Kein Problem. Bitte, hier ist dein Kaffee und hier steht der Zucker.
- Danke!

Hören Teil 1

eins
- Machen wir heute Pizza?
- Gerne. Dann brauchen wir aber noch Käse.
- Stimmt. 500 Gramm?
- Das ist zu viel. Wir sind drei Personen. 50 Gramm pro Person ist gut.
- Okay, ich kaufe dann 150 Gramm Käse.

zwei
- Bitte schön. Was nehmen Sie?
- Ich nehme einen Salat und eine Cola.
- 3,70 Euro und 1,80 Euro. Das macht zusammen 5,50 Euro.
- 5,50 Euro? Hier, bitte. 6 Euro.
- Danke schön und 50 Cent zurück.

9 Termine

B, 1.10

eins
Hast du morgen ab sieben Uhr Zeit?
zwei
Was musst du heute machen?
drei
Wann haben Sie einen Termin frei?

B, 2.1

- Hi, Lisa! Wie geht's dir? Hast du jetzt Zeit? Wir können zusammen einen Tee trinken!
- Hallo, Alina! Jetzt geht es leider nicht. Mein Pass ist fertig und ich muss ihn um elf Uhr abholen. Und dann muss ich von zwölf bis vier Uhr arbeiten. Ich habe um vier Uhr frei. Hast du dann Zeit?

🗨 Tut mir leid. Ich habe von vier bis halb sechs einen Computerkurs und ich muss dann meine Medikamente abholen. Die Apotheke schließt um 18 Uhr.
🗨 Stimmt. Geht es heute Abend? Ab sechs Uhr?
🗨 Ja, das geht!
🗨 Super! Du hast dann bestimmt Hunger. Wir können zusammen eine Pizza essen! Ich komme um sechs Uhr zur Apotheke und hole dich ab, okay?
🗨 Ja, gerne! Also dann: Bis sechs Uhr!
🗨 Ja, bis dann! Tschüs!

B, 3.1

🗨 Tomasz Mazur.
🗨 Boxverein-Neukölln, hi Tomasz, hier ist Patrick.
🗨 Hallo, Patrick, wie geht es dir?
🗨 Gut, aber ich habe ein Problem.
🗨 Oh. Kann ich helfen?
🗨 Ja, vielleicht. Der Boxlehrer für die Kinder kann heute nicht kommen. Und du trainierst immer von vier bis fünf Uhr, richtig? Kannst du heute vielleicht später kommen? Du kennst die Kinder ... Ihr könnt vielleicht zusammen trainieren. Die Kinder sind von halb sechs bis halb sieben da.
🗨 Ja, das geht, kein Problem! Ich kann heute einfach später kommen. Also: Ab halb sechs sind die Kinder da? Bis halb sieben?
🗨 Ja, richtig.
🗨 Gut, dann bin ich heute um halb sechs da. Bis später!
🗨 Super! Danke, Tomasz. Bis dann!
🗨 Also: heute halb sechs bis halb sieben. Oh, nein! Immer vergesse ich Termine! Ich muss Karsten anrufen!

B, 3.2

Hallo, Karsten, tut mir leid! Ich kann heute nicht um sechs Uhr da sein. Ich muss bis halb sieben trainieren. Hast du später am Abend Zeit? Ich kann um 19 Uhr kommen. Geht das? Kannst du mich anrufen?

10 Mit Bus und Bahn

A, 2.1

eins
Hallo! Anna hier. Ich bin jetzt noch in der Apotheke und ich fahre dann mit dem Auto zur Bank. Es dauert noch 40 Minuten. Bis dann! Tschüs!
zwei
Hallo, Mama! Ekki hier. Ich bin jetzt noch bei Lisa und ich fahre dann mit dem Fahrrad zu Hans. Wir müssen Hausaufgaben machen und wir brauchen bestimmt zwei Stunden. Bis heute Abend!
drei
Guten Tag. Andreas hier. Ich bin jetzt noch beim Arzt und ich komme dann mit dem Bus zum Büro. Es dauert noch 45 Minuten. Bis dann!
vier
Hallo, Levi! Emma hier. Ich bin jetzt im Supermarkt und fahre dann mit der U-Bahn zum Deutschkurs. Der Weg ist nicht weit. Ich brauche nur 20 Minuten. Bis später!
fünf
Hallo, Konstantin! Shervin hier. Ich bin noch in Berlin! Ich fahre morgen um zehn Uhr mit dem Zug nach Hause. Der Zug braucht sechs Stunden. Bis morgen Abend! Tschüs!

B, 1.2

🗨 Wo bin ich? Aha, hier, in der Rudistraße. Hm. Entschuldigung, wie komme ich zum Nollendorfplatz?
🗨 Das ist einfach! Sie fahren zuerst mit der S1 Richtung Richardstraße. Sie fahren bis zum Hauptbahnhof und steigen dort um. Dann fahren Sie mit der U4 Richtung Südbahnhof. Sie fahren direkt bis zur Station Nollendorfplatz. Dort steigen Sie aus.
🗨 Oh, das ist einfach! Vielen Dank!

B, 3.1

eins
🗨 Wie viel kostet die Fahrkarte?
🗨 Sie kostet 2,90 Euro.
zwei
🗨 Wann fährt der Zug nach Köln?
🗨 Er fährt in zehn Minuten.
drei
🗨 Wie fahre ich zum Hauptbahnhof?
🗨 Sie fahren mit der S1.
vier
🗨 Wie lange brauchst du noch?
🗨 Es dauert noch 15 Minuten.

B, 3.2

Heute fahre ich zum Tierpark und nehme den Bus. Die Fahrkarte kostet nur 2 Euro – das ist billig! Ich kaufe die Fahrkarte online. Das geht schnell und ist einfach. Der Tierpark ist nah und ich kann direkt fahren. Das ist praktisch und bequem!

C, 2.1 und 2.2

🗨 Hallo, ich heiße Luisa und ich bin 15 Jahre alt. Meine Eltern sagen, ich muss am Abend schon um zehn Uhr zu Hause sein. Ich denke, meine Eltern haben Angst. Mein Bruder ist aber 16 Jahre alt und er darf bis zwölf Uhr Freunde besuchen! Das finde ich nicht richtig. Warum darf er das und ich nicht?

Hörtexte

💬 Hallo, ich bin Goran Golik und ich habe ein Problem. Mein Nachbar ist Musiker und macht in der Nacht oft Musik. Die Musik ist sehr laut. Ich finde das nicht gut. Man darf in der Nacht keine Musik machen. Das finde ich richtig. Ich glaube, mein Nachbar kennt das Verbot nicht.

💬 Hallo, ich heiße Emma und ich arbeite im Restaurant. Wir dürfen kein Essen nach Hause mitnehmen. Ich verstehe das nicht. Viele Kolleginnen und Kollegen machen das. Ich finde, die Regel ist komisch.

Prüfungstraining 5

1.2

eins
Liebe Kundinnen und Kunden, heute kostet ein Kilo Äpfel 1,50 Euro. Zwei Kilogramm kosten 2,50 Euro. Nur heute!

zwei
Hallo, Samir. Anton hier. Ich brauche Hilfe. Kannst du bitte kommen? Mein Fahrrad ist kaputt. Kannst du es für mich reparieren?

drei
Liebe Kundinnen und Kunden, wir schließen in 15 Minuten. Unser Supermarkt ist aber von Montag bis Samstag von 6 bis 22 Uhr für Sie geöffnet. Danke!

Hören Teil A

eins
Hallo, Alex! Hier ist Sonja. Ich kann heute nicht um drei Uhr kommen. Ich komme eine Stunde später. Ich muss noch ein Paket abholen.

zwei
Liebe Kundinnen und Kunden. Nur heute: ein Kilo Fisch kostet 11,98 Euro und 500 Gramm Fleisch kosten 4,99 Euro.

drei
Die U2 fährt heute nur bis zum Alexanderplatz. Fahren Sie Richtung Pankow? Dann müssen Sie hier umsteigen.

vier
Hallo, ich bin's, Bian. Hast du heute Zeit? Ich möchte Deutsch lernen. Geht es um 18 Uhr?

Lösungen

1 Willkommen

A, 1
💬 Guten Tag! Ich h<u>ei</u>ße Simone Berger. Und S<u>ie</u>?
💬 I<u>ch</u> h<u>ei</u>ße Hanad Farah.

A, 2.1
1. d – 2. c – 3. b – 4. a

A, 2.2
💬 *Guten Tag. Wie heißen Sie?*
💬 *Ich bin Karim.*
💬 *Woher kommen Sie?*
💬 *Ich komme aus dem Irak.*

A, 2.3
1. willkommen – 2. heißen – 3. Guten – 4. Ich – 5. Woher – 6. komme – 7. Aus

A, 2.4
Wie heißen Sie? – Woher kommen Sie?

A, 2.5
1. aus Griechenland – 2. aus der Türkei

A, 2.6
💬 Guten Tag. Ich bin Milena Ampi. Wie heißen Sie?
💬 Guten Tag. Ich heiße Dilan Sayar.
💬 Woher kommen Sie, Herr Sayar?
💬 Ich komme aus der Türkei. Und Sie, Frau Ampi?
💬 Ich komme aus Griechenland.

A, 3
Beispiel: Ich heiße Sara Mukhtar. – Ich komme aus dem Irak.

B, 1.1
1. Deutsch, ein bisschen Englisch – 2. Arabisch, Englisch, ein bisschen Deutsch – 3. Farsi, ein bisschen Deutsch – 4. Türkisch, Deutsch

B, 1.2
1. Ich bin Timo. Ich spreche Deutsch und ein bisschen Englisch. – 2. Ich heiße Enisa. Ich spreche Arabisch, Englisch und ein bisschen Deutsch. – 3. Ich heiße Nava. Ich spreche Farsi und ein bisschen Deutsch. – 4. Ich bin Adar. Ich spreche Türkisch und Deutsch.

B, 2.1
1. B – 2. A

B, 2.2
1. du, du, du – 2. Sie, Sie

B, 2.3
Wie heißen Sie? – Welche Sprachen sprechen Sie? – Woher kommen Sie?
Woher kommst du? – Wie heißt du? – Welche Sprachen sprichst du?

B, 2.4
1. Wie heißen Sie?, Woher kommen Sie?, Welche Sprachen sprechen Sie?
2. Wie heißt du?, Woher kommst du?, Welche Sprachen sprichst du?

B, 2.5
1. Wie heißt du? – Woher kommst du? – Welche Sprachen sprichst du?
2. Wie heißen Sie? – woher kommen Sie? – Welche Sprachen sprechen Sie?

B, 2.6
kommen: ich komm<u>e</u>, du komm<u>st</u>, Sie komm<u>en</u> –
heißen: ich heiß<u>e</u>, du heiß<u>t</u>, Sie heiß<u>en</u> –
sprechen: ich sprech<u>e</u>, du spri<u>ch</u>st, Sie sprech<u>en</u> –
sein: ich <u>bin</u>, du bist, Sie sind

B, 2.7
1. heißt, bin – 2. kommst, komme – 3. sprichst, spreche – 4. heißen, heiße – 5. kommen, komme – 6. sprechen, spreche

B, 2.8
Beispiel „du":
+ Hallo! Mein Name ist Erik Scholz Wie heißt du?
– Ich heiße Nanda Kadek. Woher kommst du?
+ Ich komme aus Deutschland. Und du?
– Ich komme aus Indonesien. Welche Sprachen sprichst du?
+ Ich spreche Deutsch, Englisch und Spanisch. Und du?
– Ich spreche Indonesisch und ein bisschen Deutsch.

Beispiel „Sie":
+ Guten Tag! Mein Name ist Erik Scholz. Wie heißen Sie?
– Ich heiße Nanda Kadek. Woher kommen Sie?
+ Ich komme aus Deutschland. Und Sie?
– Ich komme aus Indonesien. Welche Sprachen sprechen Sie?
+ Ich spreche Deutsch, Englisch und Spanisch. Und Sie?
– Ich spreche Indonesisch und ein bisschen Deutsch.

B, 3.1
C – G – J – N – S – V – Y – Ü

B, 3.2
1. Chuong Le – 2. Katja Marx – 3. Lideya Prem

B, 3.3
1. Anna M<u>ü</u>ller – 2. Peter J<u>ä</u>ger – 3. Frida Wei<u>ß</u> – 4. Thomas G<u>ö</u>tz

B, 3.4
1. Wie bitte? – 2. Wie schreibt man das? – 3. Ich buchstabiere – 4. Danke

B, 4.1
Name: Marley Salich – *Land:* Sudan – *Sprachen:* Arabisch, Englisch, ein bisschen Deutsch

B, 4.3
Welche Sprachen sprichst du?
Welche Sprachen sprechen Sie?

B, 4.5
Beispiel:
💬 Ich heiße Sara Mukhtar.
💬 Woher kommst du?
💬 Ich komme aus dem Irak.
💬 Welche Sprachen sprichst du?
💬 Ich spreche Arabisch, Deutsch und ein bisschen Englisch.

Lösungen

C, 1.1
1. Guten Tag!, Hi!, Hallo! – 2. Tschüs!, Bis bald!, Auf Wiedersehen!

C, 1.2
1. Guten Morgen! – 2. Guten Tag! – 3. Guten Abend! – 4. Gute Nacht!

C, 2.1
schlecht – nicht so gut – es geht – gut – sehr gut – super

C, 2.2
A2 – B1 – C3

C, 2.3
1. Und Ihnen? – 2. Wie geht es dir?, Und dir?

C, 3.1
1. Wie – 2. Woher – 3. Welche Sprachen – 4. Wie

C, 3.2
1. Wie heißen Sie? – 2. Woher kommen Sie? – 3. Welche Sprachen sprechen Sie? – 4. Wie geht es Ihnen?

C, 3.3
Beispiel: 1. Ich heiße Anna. – 2. Ich komme aus Bulgarien. – 3. Ich spreche Deutsch und ein bisschen Englisch. – 4. Sehr gut.

C, 3.4
1. Ich bin – 2. Ich komme – 3. Ich spreche – 4. Sie sind – 5. Sie kommen – 6. Ich heiße – 7. ich komme

Richtig schreiben

1.1
1. Punkt (.) – 2. Punkt (.) – 3. Fragezeichen (?) – 4. Punkt (.) – 5. Punkt (.) – 6. Fragezeichen (?) – 7. Punkt (.) – 8. Fragezeichen (?) – 9. Punkt (.) – 10. Fragezeichen (?) – 11. Punkt (.)

1.2
Hallo! Ich heiße Sara Mukhtar. Ich komme aus dem Irak. Ich spreche Arabisch und Deutsch.

2.1
Beispiel: Name: Anna Nowak – *Land:* Bulgarien – *Sprachen:* Bulgarisch, Englisch, Deutsch

2.2
Beispiel: Ich heiße Anna. Ich komme aus Bulgarien. Ich spreche Bulgarisch, Englisch und ein bisschen Deutsch.

Alles klar?

1
1. heiße – 2. Woher – 3. komme – 4. Sprachen – 5. spreche

2
1. heißt – 2. sind – 3. sprichst – 4. kommen – 5. spreche

3.1
1. Wie heißen Sie? – 2. Ich heiße – 3. Woher kommen Sie? – 4. Ich komme – 5. Welche Sprachen sprechen Sie? – 6. Ich spreche

3.2
Name: Rasha Kessjan – *Land:* Syrien – *Sprachen:* Arabisch, Englisch und ein bisschen Deutsch; *Name:* Alexander Wolf – *Land:* Deutschland – *Sprachen:* Deutsch und Englisch

2 Berufe

A, 1.1
Altenpfleger – Kellnerin – Polizistin – Koch – Verkäuferin – Taxifahrer – Lehrerin

A, 1.2
1. Verkäuferin – 2. Altenpfleger – 3. Polizistin – 4. Taxifahrer

A, 2.1
1. falsch – 2. richtig – 3. richtig – 4. richtig – 5. falsch – 6. falsch

A, 2.2
Frau: Friseurin, Polizistin, Mechatronikerin, Busfahrerin – *Mann: Verkäufer,* Altenpfleger, Lehrer, Arzt

A, 2.4
1. b – 2. d – 3. e – 4. c – 5. a

A, 2.5
1. bist – 2. arbeite – 3. machst – 4. bin – 5. lerne – 6. studiere

A, 2.6
1. b – 2. a – 3. b – 4. a

A, 2.7
Beispiel:
- 🔵 Wie heißt du?
- 🟢 Ich heiße Paige Koropicz.
- 🔵 Woher kommst du?
- 🟢 Ich komme aus Polen. Und du?
- 🔵 Ich komme aus Armenien. Was bist du von Beruf?
- 🟢 Ich bin Kellnerin von Beruf, aber ich arbeite in Deutschland als Friseurin. Was machst du beruflich?
- 🔵 Ich bin Mechatroniker von Beruf, aber ich arbeite in Deutschland als Verkäufer.

B, Wiederholung
heißen: ich heiße, du heißt, Sie heißen – arbeiten: ich arbeite, du arbeitest, Sie arbeiten – sprechen: ich spreche, du sprichst, Sie sprechen – sein: ich bin, du bist, Sie sind

B, 1.1
1. dem Sudan, in Deutschland – 2. der Türkei, Regisseurin – 3. in Köln, machen Filme – 4. in Bonn, Arabisch, Englisch – 5. Englisch, lernen Deutsch

B, 1.2
wohnen: er/sie wohnt, sie (Pl.) wohnen – arbeiten: er/sie arbeitet, sie (Pl.) arbeiten – sprechen: er/sie spricht, sie (Pl.) sprechen – schreiben: er/sie schreibt, sie (Pl.) schreiben – sein: er/sie ist, sie (Pl.) sind

B, 1.3
1. heißen, heiße – 2. macht, arbeitet – 3. kommst, komme – 4. wohnen, wohnt, wohnt

B, 1.4
1. bin – 2. bist – 3. bin – 4. ist – 5. ist – 6. ist – 7. sind

B, 1.5

1. wohnt, arbeitet – 2. spricht, lernt – 3. kommen, wohnen – 4. ist, arbeitet – 5. arbeiten

B, 1.6

1. Wie heißen Sie? – 2. Woher kommen Sie? – 3. Wo wohnen Sie jetzt? – 4. Was machen Sie beruflich? – 5. Welche Sprachen sprechen Sie?

B, 1.7

Beispiel: Das ist Nawin Pham. Er kommt aus Thailand. Er wohnt in Kassel. Er ist Ingenieur von Beruf, aber er arbeitet in Deutschland als Autor. Er spricht Thai, Vietnamesisch, Französisch, und ein bisschen Deutsch.

B, 2.1

1. *Das ist Yagmur. Sie ist Autorin. Sie schreibt Bücher.* 2. Das ist Jim. Er ist Basketballer. Er macht Sport. – 3. Das ist Charlie. Sie ist Mechatronikerin. Sie repariert Autos. – 4. Das ist Bruno. Bruno ist Sänger. Er singt. – 5. Das ist Maik. Er ist Regisseur. Er macht Filme.

B, 2.2

1. sind – 2. kommt – 3. kommt – 4. wohnen – 5. spricht – 6. spricht – 7. lernen – 8. ist – 9. arbeitet – 10. arbeitet – 11. studiert

B, 3

Name: Lina Manushkina – *Wohnort:* Bonn, Deutschland – *Sprachen:* Bulgarisch, Deutsch, Englisch – *Beruf:* Verkäuferin – *Was macht er/sie?* studieren, tanzen, Tee trinken

C, 1.1

1. zwei, vier, sechs – 2. vier, acht – 3. neun, sieben, fünf

C, 1.2

Bart: 0162 208 9982 – *Amy:* 030 688 31 748 – *Murat:* 0049 341 2565 9113

C, 2

zehn, elf, zwölf, dreizehn, vierzehn, fünfzehn, sechzehn, siebzehn, achtzehn, neunzehn, zwanzig

C, 3

1. brauche – 2. ist – 3. verstehe – 4. bedeutet – 5. heißen – 6. helfe

C, 4.1

1. *Vorname* – 2. Nachname – 3. Adresse – 4. Straße – 5. Hausnummer – 6. Postleitzahl – 7. Telefonnummer – 8. Beruf

C, 4.2

Vorname – Nachname – Adresse – Straße – Hausnummer – Postleitzahl – Telefonnummer – Beruf

C, 4.4

Beispiel: Mein Vorname ist Anna. – *Mein Nachname ist* Nowak. – *Meine Adresse ist:* Müllerstr. 13, in 10117 Berlin. – *Meine Telefonnummer ist:* 0049 1752343009 – Ich arbeite als Verkäuferin.

C, 4.5

1. dein, mein – 2. deine, Meine – 3. deine, Meine – 4. deine, Meine

C, 4.6

1. richtig – 2. falsch – 3. falsch – 4. falsch

C, 5.1

1. du, Ich – 2. Wir – 3. sie – 4. ihr, Wir – 5. Sie, Ich

C, 5.2

1. heiße – 2. heißt – 3. bin – 4. ist – 5. sind – 6. kommt – 7. kommen – 8. spricht – 9. sprechen – 10. spricht – 11. arbeitet – 12. arbeiten

Richtig schreiben

1

Das ist Rachel Pines. Sie kommt aus Toronto. Das ist in Kanada. Sie wohnt aber schon lange in Berlin. Sie spricht Englisch, Französisch und Deutsch. Sie arbeitet jetzt nicht. Sie studiert.

2

Beispiel: Das ist Asante Okafor. Er kommt aus Kenia. Er wohnt aber in Bonn, in der Talstraße 19. Er spricht Swahili, Englisch und Deutsch. Er ist Altenpfleger von Beruf, aber er arbeitet in Deutschland als Kellner. Er macht Sport und er tanzt.

Alles klar?

1.1

Köchin – Polizistin – Arzt – Taxifahrer – Altenpflegerin

1.2

1. Hilfe, Problem – 2. Formular – 3. Nachname – 4. Beruf

2

1. bin, ist – 2. machst, arbeite – 3. verstehe, helfe – 4. wohnen, wohne – 5. kommt, kommen

3

1. Wer seid ihr? / Wer sind Sie? – 2. Woher kommt ihr? / Woher kommen Sie? – 3. Wo wohnt ihr? / Wo wohnen Sie? – 4. Welche Sprachen sprecht ihr? / Welche Sprachen sprechen Sie? – 5. Was seid ihr von Beruf? / Was sind Sie von Beruf? / Was macht ihr beruflich? / Was machen Sie beruflich?

Wichtige Wörter 1

1.1

Friseur

1.2

2. der Name – 3. die Adresse – 4. die Postleitzahl – 5. die Straße – 6. die Hausnummer – 7. der Wohnort – 8. die E-Mail-Adresse – 9. die Telefonnummer

1.3

Adresse: Berliner Straße 28, *60311* Frankfurt (Main), *Telefonnummer:* +49 162 2081 430, *E-Mail-Adresse:* HAIRmann@example.com

2.1

Bersarinstraße 4, 10930 Berlin – 0049 30 688 317 48

2.2

💬 *Wie ist die Adresse von Frau Dr. Khalil?*
💬 *Die Adresse ist* Bersarinstraße 4 in 10930 Berlin.
💬 Wie ist die Telefonnummer?
💬 Die Telefonnummer ist 0049 30 688 317 48.

Lösungen

Prüfungstraining 1

1.1
1. c – 2. d – 3. e – 4. a – 5. b

1.2
Beispiel: 1. Mein Name ist Julianna DaCosta. – 2. Ich komme aus Kolumbien, aus Bogota. – 3. Ich wohne schon lange in Deutschland. Ich wohne jetzt in Berlin. – 4. Ich spreche Spanisch und Englisch. Ich lerne jetzt Deutsch. – 5. Ich bin Lehrerin von Beruf.

1.5
Beispiel:
💬 *Wie heißen Sie?*
💬 *Ich heiße* Julianna DaCosta.
💬 *Woher kommen Sie?*
💬 *Ich komme aus Kolumbien.*
💬 *Wo wohnen Sie?*
💬 *Ich wohne in Deutschland.*
💬 *Welche Sprachen sprechen Sie?*
💬 *Ich spreche Spanisch und Französisch.*
💬 *Was sind Sie von Beruf?*
💬 *Ich bin Verkäuferin von Beruf.*

2.1
1. Er kommt aus der Türkei. – 2. Er wohnt in Deutschland, in Amberg. – 3. Er ist Mechatroniker von Beruf. – 4. Er spricht Türkisch, Deutsch und ein bisschen Spanisch.

2.2
Name: Nevzat Sensoy – *Heimatland:* die Türkei – *Straße, Hausnummer:* Finowstraße 21 – *PLZ, Ort:* 92224 Amberg – *Beruf:* Mechatroniker – *Sprachen:* Türkisch, Deutsch, ein bisschen Spanisch

Und jetzt wie in der Prüfung!
Name: Imani Omondi – *Heimatland:* Kenia – *Straße, Hausnummer:* Friedensstraße 12 – *PLZ, Ort:* 10345 Leipzig – *Beruf:* Altenpflegerin – *Sprachen:* Englisch, Swahili, ein bisschen Deutsch

3 Orte und Dinge

A, 1.1
1. die Tasche – 2. das Plakat – 3. der Tisch – 4. die Bank – 5. das Regal – 6. der Herd – 7. der Bleistift – 8. das Bett – 9. das Heft – 10. der Stuhl – 11. das Sofa – 12. der Schrank

A, 1.3
1. auf Deutsch – 2. Ahnung – 3. weiß – 4. Das ist

A, 1.5
1. Guten Morgen. Wie geht's? Nicht so gut. – 2. Guten Tag. Wie geht es Ihnen? Sehr gut! – 3. Guten Abend. Wie geht's? Super!

A, 2.1
3

A, 2.2
eine Bank – ein Stift – ein Heft

A, 2.3
Hier ist <u>ein</u> Stift, <u>ein</u> Heft, <u>eine</u> Bank.
Hier ist <u>kein</u> Tisch, <u>kein</u> Handy und <u>keine</u> Tasche.

A, 2.4
1. ein Tisch – 2. kein Stuhl – 3. ein Buch – 4. eine Bank – 5. kein Sofa – 6. ein Regal – 7. keine Tasche – 8. ein Kaffee

A, 3
1. Deutsch lernen: Ich lerne Deutsch. – 2. Hausaufgaben machen: Ich mache Hausaufgaben. – 3. Kaffee trinken: Ich trinke Kaffee. – 4. Bücher lesen: Ich lese Bücher. – 5. Lieder singen: Ich singe Lieder. – 6. Dialoge sprechen: Ich spreche Dialoge.

B, 1.1
1. Schlüssel – 2. Kasse – 3. Sofa – 4. Regal – 5. Kaffeemaschine

B, 1.2
1. Der Schlüssel ist klein. – 2. Die Kasse ist alt. – 3. Das Sofa ist kaputt. – 4. Die Kaffeemaschine ist neu. – 5. Das Regal ist groß.

B, 1.3
richtig: 1 – 4

B, 1.4
2. Der Laptop alt, aber er funktioniert. – 3. Das Buch ist gut, es ist neu.

B, 1.5
1. ein, Der, er – 2. ein, Das, Es – 3. eine, Die, sie

B, 1.6
1. *ein, der, Er* – 2. ein, das, Es – 3. eine, die, Sie – 4. ein, der, Er

B, 2
1.
💬 *Das ist ein Stuhl.*
💬 *Oh, der Stuhl ist groß.*
💬 *Ja? Ich finde, er ist klein.*
2.
💬 *Das ist eine Tasche.*
💬 *Oh, die Tasche ist schön.*
💬 *Ja? Ich finde, sie ist nicht schön.*
3.
💬 *Das ist ein Schrank.*
💬 *Oh, der Schrank ist alt.*
💬 *Ja, stimmt. Er ist alt.*

B, 3.1
Beispiel: 1. Das ist ein Fenster. Es ist groß und schön. – 2. Das ist eine Tasche. Sie ist klein und praktisch. – 3. Das ist ein Kühlschrank. Er ist groß. – 4. Das ist ein Handy. Es ist kaputt. – 5. Das ist eine Kaffeemaschine. Sie ist praktisch und neu.

B, 3.2
1. Das Handy ist wichtig für Oumar. – 2. Hawa und Bintou sind wichtig für Oumar.

C, Wiederholung
zwei – vier – sechs – acht – zehn – zwölf – vierzehn – sechzehn – achtzehn – zwanzig

C, 1.1
Was? Der Herd ist kaputt. – *Adresse:* Bismarckstraße 14 – *PLZ:* 86159 Augsburg – *Name:* Turgut Kargi – *Tel:* 01622081430

C, 2.2
1. 20 – 2. 16 – 3. 13 – 4. 17 – 5. 14 – 6. 80 – 7. 50 – 8. 19

C, 2.3

1. *einundfünfzig* – 2. dreiundvierzig – 3. vierundachtzig – 4. zweiundneunzig – 5. fünfundzwanzig – 6. siebenunddreißig – 7. sechsundsiebzig – 8. achtundsechzig – 9. neunzehn

C, 2.4

46 – 56 – 83 – 21 – 75 – 99 – 74 – 65 – 13 – 62

C, 2.5

1. 256 – 2. 128 – 3. 512 – 4. 182 – 5. 565 – 6. 521

C, 2.6

1. *Zentimeter* – 2. Meter – 3. Euro – 4. Postleitzahl – 5. Straße – 6. Telefonnummer

C, 2.7

1. *Wie* breit ist der Schrank? – 2. Wie hoch ist der Schrank? – 3. *Was* kostet der Schrank? – 4. Wie alt ist der Schrank?

C, 3.1

Ja, der Schrank ist noch da – Der Schrank ist 16 Jahre alt – Der Schrank kostet 60 Euro. – Die Adresse ist Hochberger Str., 62005 Kassel.

C, 3.2

1. b – 2. d – 3. a

Richtig schreiben

1.2

Hallo! Ich bin Maria. Das ist mein Handy. Es ist ein bisschen kaputt, aber es funktioniert. Das ist ein Foto von Leo. Das Handy und das Foto sind sehr wichtig für mich.

2

1. *Der Kühlschrank ist wichtig für Carlos. Er ist* groß und praktisch. – 2. Die Kasse ist wichtig für Zaida. Sie ist neu und funktioniert gut. – 3. Der Laptop ist wichtig für Melvin. Er ist alt und schön.

Alles klar?

1

1. auf Deutsch – 2. Ahnung – 3. Kühlschrank – 4. hoch – 5. breit

2

1. ein, das, es – 2. eine, die, sie, sie – 3. ein, der, Er

3

1. *Wie alt ist die Waschmaschine? Die Waschmaschine ist 2 Jahre alt.* – 2. Wie breit/hoch ist die Waschmaschine? Sie ist 60 cm breit / 85 cm hoch. – 3. Wie viel kostet die Waschmaschine? Sie kostet 149 Euro.

4 Meine Familie

A, 1.1

1. Eltern – 2. Vater – 3. Tante – 4. Cousine – 5. Cousin – 6. Großeltern

A, 1.2

1. *der Cousin* – 2. der Sohn – 3. die Großmutter – 4. der Vater – 5. die Tante – 6. die Schwester

A, 1.4

die Mutter – der Vater – die Schwester – der Bruder – der Busfahrer – der Lehrer – der Sänger – der Verkäufer

A, 2.1

1. *2 Brüder* – 2. 2 Schwestern – 3. 6 Onkel – 4. 5 Tanten

A, 2.2

1. *richtig* – 2. falsch – 3. falsch – 4. richtig

A, 2.3

1. *Tochter* – 2. Söhne – 3. Schwester – 4. Brüder – 5. Onkel – 6. Tanten – 7. Cousinen – 8. Cousin

A, 2.4

Beispiel: Da ist eine Tasche, ein Tisch, ein Laptop und ein Fenster. Da sind zwei Stühle, zwei Handys, drei Hefte, drei Schlüssel, fünf Stifte und fünf Bücher.

A, 3.1

1. Jahre alt – 2. arbeite als – 3. Sohn – 4. meine Eltern – 5. von Beruf

A, 3.2

1. *Wie heißt der Vater von Sarah?* – 2. Wo wohnt Sarah? – 3. Was ist Hans von Beruf? – 4. Wie alt ist Julian? – 5. Was ist Sonja von Beruf?

A, 3.3

1. a – 2. b – 3. a – 4. a

B, 1

1. Ana – 2. Sunil – 3. Sasha und Marina – 4. Sasha

B, 2.1

haben: ich habe, *du* hast, *er/es/sie* hat, *wir* haben, *ihr* habt, *sie/Sie* haben

B, 2.2

1. habe, hast – 2. haben, habt – 3. hat, hat – 4. haben

B, Wiederholung

1. *ein*, Der – 2. ein, Das – 3. eine, Die – 4. Die

B, 3.1

keine Freundin, einen Sohn, eine Tochter, einen Enkel, eine Enkelin, ein Auto, ein Haus, einen Garten

B, 3.2

eine Frau, einen Sohn, eine Tochter, Enkel (Pl.), ein Auto, ein Haus, einen Garten

B, 3.3

einen Tisch, einen Stuhl, einen Computer, einen Laptop, ein Regal, Stifte

B, 3.4

1. *einen* – 2. ein, eine – 3. einen, einen – 4. keine – 5. keine

B, 3.5

Beispiel: Ich heiße Anna. – Ich komme aus Bulgarien. – Ich habe drei Geschwister. Ich habe keine Kinder.

B, 4

Beispiel: Ich habe einen Herd, aber keine Spülmaschine. Ich brauche eine Spülmaschine. Ich habe Regale, aber keinen Schrank. Ich brauche einen Schrank. Ich habe ein Sofa, aber kein Bett. Ich brauche ein Bett. Ich habe eine Waschmaschine, aber keinen Kühlschrank. Ich brauche einen Kühlschrank. Ich habe Bücher, aber keinen Laptop. Ich brauche einen Laptop.

Lösungen

C, 1.1
1. arabisch – 2. Österreich – 3. Koch – 4. ist verheiratet – 5. drei Kinder

C, 1.2
1. dein – 2. mein – 3. mein – 4. meine – 5. deine – 6. meine – 7. Meine – 8. mein

C, 1.3
Mia: Ihre Eltern, Ihr Bruder, Ihre Schwester – *Len:* seine Kinder, Seine Frau, Sein Bruder, Seine Schwester

C, 1.4
1. ihre, ihr – 2. meine, mein – 3. seine, seine, seine – 4. Ihre – 5. deine – 6. Ihre, Ihr

C, 2.1
mein Bruder, meinen Bruder, seine Frau, seine Frau gut, ihre Eltern, ihre Eltern, ihr Sohn, ihre Tochter, mein Auto, mein Auto

C, 2.2
1. mein, meinen – 2. seine, seine – 3. ihre, ihre – 4. ihr, ihre – 5. mein, mein

C, 2.3
1. Ihr, Ihre – 2. dein, deinen – 3. meinen, seine – 4. Ihre

C, 2.4
meine – meinen – kenne – kennen – besuche – besuchen – Cousine – Cousinen – Tante – Tanten

C, 2.7
a1 – b4 – c3 – d2

Richtig schreiben

1.1
1. Wie heißen Sie? – 2. Marie ist verheiratet. – 3. Wie viele Kinder haben Sie? – 4. Sie arbeitet als Programmiererin.

1.2
heiße – Türkei – vierzig – verheiratet – vier – arbeite – Programmiererin – drei

2
Beispiel: Das ist Adrian Nowak. Er ist 38 Jahre alt. Er ist Friseur von Beruf. Er ist verheiratet. Seine Frau heißt Natalie Novak und sie ist 36 Jahre alt. Adrian hat zwei Kinder. (Er hat einen Sohn und eine Tochter.) Sein Sohn heißt Filip und seine Tochter heißt Hanna. Er wohnt in Rostock.

Alles klar?

1.1
1. Familie – 2. geschieden – 3. Kinder – 4. Tochter – 5. zusammen – 6. Hause – 7. Garten – 8. Nachbar – 9. Single – 10. allein

2
1. Ihre – 2. Meine – 3. einen – 4. eine – 5. einen – 6. meine – 7. ihre – 8. Ihre – 9. einen – 10. Der/Ihr

3
Beispiel: 1. Wie heißt er? Er heißt Ishan Yildirim. – 2. Woher kommt er? Er kommt aus der Türkei. – 3. Wo wohnt er? Er wohnt in Köln. – 4. Wie ist sein Familienstand? Er ist verheiratet. – 5. Wie heißt seine Frau? Seine Frau heißt Katha. – 6. Wie viele Kinder hat er? Er hat zwei Kinder. / Er hat einen Sohn und eine Tochter. – 7. Wie heißen seine Kinder? Sein Sohn heißt Oskar, seine Tochter heißt Tilly.

Wichtige Wörter 2

1.1 und 1.2
1. der Computer, die Computer – 2. der Laptop, die Laptops – 3. der Schlüssel, die Schlüssel – 4. der Bleistift, die Bleistifte – 5. der Stuhl, die Stühle – 6. der Tisch, die Tische – 7. der Schrank, die Schränke – 8. der Kühlschrank, die Kühlschränke – 9. das Handy, die Handys – 10. das Foto, die Fotos – 11. das Plakat, die Plakate – 12. das Heft, die Hefte – 13. das Sofa, die Sofas – 14. das Bett, die Betten, 15. das Regal, die Regale – 16. das Fenster, die Fenster – 17. die Tasche, die Taschen, 18. die Bank, die Bänke – 19. die Tafel, die Tafeln – 20. die Tür, die Türen – 21. die Kaffeemaschine, die Kaffeemaschinen – 22. die Spülmaschine, die Spülmaschinen – 23. die Waschmaschine, die Waschmaschinen – 24. die Kasse, die Kassen

Prüfungstraining 2

1.2
1. b – 2. a – 3. b

Und jetzt wie in der Prüfung!
1. a – 2. b – 3. a – 4. b – 5. a

2.1
1. Ich bin jetzt geschieden – 2. ... ich wohne in Frankfurt. Meine Tochter Carla wohnt auch in Frankfurt. – 3. Sie arbeitet hier als Polizistin.

2.2
1. falsch – 2. richtig – 3. falsch

Und jetzt wie in der Prüfung!
1. richtig – 2. falsch – 3. richtig

5 Alltag und Freizeit

A, 1.1
1. kochen – 2. schlafen – 3. telefonieren – 4. putzen – 5. duschen

A, 1.2
1. Tischtennis spielen – 2. Musik hören – 3. ins Bett gehen – 4. im Internet surfen – 5. zur Arbeit gehen – 6. Lebensmittel kaufen

A, 1.3
Tamara frühstückt gern. Sie kocht nicht so gern. Sie schläft gern. – Eric geht gern zur Arbeit. Er macht gern Sport. Eric telefoniert nicht gern.

A, 1.4
Beispiel: Ich koche (nicht) gern. Ich höre gern Musik. Ich mache (nicht) gern Sport. Ich telefoniere (nicht) gern.

A, 1.5
Zeile 2: Nachmittag – *Zeile 3:* Morgen, Abend – *Zeile 5: Nacht,* Mittag – *Zeile 6:* Vormittag

A, 1.6
1. *am* Morgen – 2. am Vormittag – 3. am Mittag – 4. am Nachmittag – 5. am Abend – 6. *in der* Nacht

A, 1.7
1. *Frau Svoboda frühstückt.* – 2. *Sie* geht zur Arbeit. – 3. Sie kocht. – 4. Sie putzt. – 5. Sie telefoniert. – 6. Sie hört Musik.

A, 1.8
- Was macht sie am Vormittag?
- Sie geht zur Arbeit.
- Was macht sie am Mittig?
- Sie kocht.
- Was macht sie am Nachmittag?
- Sie putzt.
- Was macht sie am Abend?
- Sie telefoniert.
- Was macht sie in der Nacht?
- Sie telefoniert.

A, 2.1
1. Mascha – 2. Enisa – 3. Enisa – 4. Mascha

A, Wiederholung
1. Wie heißt du? – 2. Woher kommst du?

A, 2.2
1. Heißt du Karim? – 2. Kommst du aus Bulgarien?

A, 2.3
1. Wo wohnen Sie? W-Frage – 2. Wohnen Sie in Hamburg? Ja-/Nein-Frage – 3. Machen Sie gern Sport? Ja-/Nein-Frage – 4. Wann machen Sie Sport? W-Frage

A, 2.4
1. Wann machen Sie Sport? – 2. Machen Sie gerne Sport? – 3. Wohnen Sie in Hamburg? – 4. Wo wohnen Sie?

A, 2.5
1. Kochst du gern? – 2. Wohnst du in Köln? – 3. Arbeiten Sie gern? – 4. Putzen Sie gern?

A, 3.1
1. Sie kochen zusammen. – 2. Morgen Abend.

A, 3.2
Beispiel: Ich habe heute leider keine Zeit. Ich arbeite. – Ja, ich habe morgen Zeit.

B, 1.1
1. fahren – 2. sprechen – 3. lesen – 4. schwimmen – 5. putzen – 6. essen – 7. grillen – 8. frühstücken – *Lösungswort:* Freizeit

B, 1.2
1. *sprechen* – 2. sehen – 3. fahren – 4. machen – 5. lesen – 6. spielen – 7. machen – 8. treffen

B, 1.3
1 – 2 – 4 – 6

B, 1.4
1. falsch – 2. falsch – 3. richtig – 4. richtig

B, 1.5
treffen: ich treffe, du triffst, er/sie trifft, wir treffen, ihr trefft, sie/Sie treffen –
essen: ich esse, du isst, er/sie isst, wir essen, ihr esst, sie/Sie essen –
lesen: ich lese, du liest, er/sie liest, wir lesen, ihr lest, sie/Sie lesen –
schlafen: ich schlafe, du schläfst, er/sie schläft, wir schlafen, ihr schlaft, sie/Sie schlafen –
laufen: ich laufe, du läufst, er/sie läuft, wir laufen, ihr lauft, sie/Sie laufen

B, 1.6
1. fährt, Fährst, fahre – 2. essen, Isst, esse – 3. sieht, Siehst, sehe – 4. laufe, Lauft, laufen

B, 1.8
Das ist Ella. Sie ist Ärztin und ihr Mann ist Arzt. Sie haben viele Hobbys. Sie lesen Bücher, sie sehen Filme und sie essen gern. Ella fährt gern Fahrrad. Sie singt auch sehr gut. Ihr Mann trifft gern Freunde und er spricht viele Sprachen: Arabisch, Englisch und ein bisschen Spanisch.

C, 1.1
Mo: Montag, Di: Dienstag, Mi: Mittwoch, Do: Donnerstag, Fr: Freitag, Sa: Samstag, So: Sonntag

C, 1.3
b www.fortuna-reutlingen.example.org

C, 1.4
1. richtig – 2. falsch – 3. falsch

C, 1.5
1. b – 2. c – 3. a

C, 2.1
1. *Das ist interessant.* – 2. Ich weiß nicht. – 3. Das macht Spaß! – 4. Das ist langweilig.

C, 2.2
1. falsch – 2. richtig – 3. richtig – 4. richtig

Richtig schreiben

1
Ha<u>ll</u>o! Wie geht es dir? Ich treffe am Freitag Freunde. Wir gri<u>ll</u>en am Nachmi<u>tt</u>ag. Dann spielen wir auch Fußball. Oder wir schwi<u>mm</u>en im Schwimmbad. Ko<u>mm</u>st du auch?

2
Beispiel: Hallo, Natalie! Ja, ich komme gerne. Ich habe Zeit. Ich grille gerne, aber ich spiele nicht so gern Fußball. / Hallo, Natalie! Nein, ich habe leider keine Zeit. Ich arbeite am Freitag. Hast du am Sonntag Zeit?

Alles klar?

1.1
Mo: *Montag*, Di: Dienstag, Mi: Mittwoch, Do: Donnerstag, Fr: *Freitag*, Sa: Samstag, So: Sonntag

1.2
1. Hören – 2. fahren – 3. Gehen – 4. machen – 5. lesen

2.1
1. Haben Sie heute Zeit, *Frau Schumacher*? – 2. Wohnen Sie in München, *Herr Hamadi*?

2.2
1. esse, isst – 2. fährt, Fährst – 3. laufen, läuft – 4. lese, liest

3.1
1. b – 2. a – 3. a – 4. a – 5. b

Lösungen

6 Arbeitszeiten

A, 1.1
1. fünf nach – 2. Viertel nach – 3. zwanzig nach – 4. fünf vor halb – 5. halb – 6. fünf nach halb – 7. zwanzig vor – 8. Viertel vor – 9. fünf vor

A, 1.2
1. *Es ist* sieben Uhr. – 2. Es ist Viertel vor eins. – 3. Es ist fünf vor zwölf. – 4. Es ist Viertel nach eins.

A, 1.4
1. c – 2. a

A, 2.1
1. haben – 2. kochen – 3. putzen – 4. surfen – 5. haben – 6. gehen

A, 2.2
1. koche – 2. putze – 3. habe – 4. habe – 5. gehe – 6. surfe

A, 2.3
1. am – 2. am – 3. am – 4. am – 5. um – 6. um

A, 3
Beispiel: Mein Deutschkurs beginnt um neun Uhr am Morgen. – Die Pause beginnt um Viertel vor elf. – Ich gehe um 12 Uhr nach Hause. – Ich bin um zwanzig nach zwölf zu Hause.

B, 1.1
1. *das Essen vorbereiten* – 2. die Tür aufmachen. – 3. einen Freund anrufen – 4. das Licht anmachen – 5. die Küche aufräumen – 6. die Arbeitskleidung anziehen

B, 2.1
1. *Sie räumt zu Hause auf.* – 2. *Sie* kauft um zwölf Uhr ein. – 3. Sie ruft um fünf Uhr an. – 4. Sie bereiten das Essen vor.

B, 2.2
1. *Was* macht *Chiara am Vormittag? Sie* räumt *zu Hause* auf. – 2. Wann kauft Chiara ein? Sie kauft um 12 Uhr ein. – 3. Wann ruft sie ihre Schwester an? Sie ruft um 5Uhr an. – 4. Was bereiten sie zusammen vor? Sie bereiten das Essen vor.

B, 2.4
anrufen – Ich rufe an. – aufräumen – Ich räume auf. – einkaufen – Ich kaufe ein.

B, 2.6
1. zieht ... an – 2. zieht ... aus – 3. macht ... auf – 4. macht ... zu – 5. macht ... an – 6. macht ... aus

B, 2.7
1. rufe ... an – 2. kauft ... ein – 3. räumt auf – 4. bereitet ... vor

B, Wiederholung
1. *Trinkst du gerne Kaffee?* – 2. Lernst du gerne Deutsch? – 3. Fährst du gerne Fahrrad? – 4. Schläfst du gerne lange? – 5. Liest du gerne? – 6. Hörst du gerne Musik? – 7. Machst du gerne Sport? – 8. Kochst du gerne?

B, 2.8
1. *Räumst du gerne auf?* – 2. Machst du das Radio an? – 3. Machst du das Handy aus? – 4. Kaufst du oft ein? – 5. Rufst du den Kollegen an?

B, 3.1
1. spät aufstehen – 2. im Geschäft einkaufen – 3. ein Paket abholen – 4. das Handy ausmachen – 5. zu Hause aufräumen

B, 3.2
1. kauft ... ein – 2. holt ... ab – 3. räumt ... auf – 4. steht ... auf – 5. macht ... aus

C, 1.1
1. falsch – 2. richtig – 3. richtig – 4. falsch

C, 1.2
Mi: Nachtschicht Olga Schmitt (*Urlaub:* M. Bai), *Fr und Sa: Spätschicht* Olga Schmitt (*Frühschicht:* A. Brod)

C, 1.3
1. Es ist Viertel nach acht am Morgen. – 2. Es ist fünf nach zwei am Nachmittag. – 3. Es ist fünf vor halb sieben am Abend. – 4. Es ist Viertel vor eins in der Nacht. – 5. Es ist zwölf Uhr am Mittag.

C, 1.4
1. Er hat am Sonntag Nachtschicht. – 2. Sie hat von Mittwoch bis Samstag Nachtschicht. – 3. Er hat am Montag, Dienstag und Mittwoch Spätschicht. – 4. Die Spätschicht geht von 13 bis 22:30 Uhr.– 5. Die Frühschicht hört um 13:30 auf.– 6. Sie hat um 22:30 Uhr Feierabend.

C, 2.1
1. Hill-Markt

C, 2.2
1. richtig – 2. falsch – 3. falsch

C, 3
1. c – 2. f – 3. b – 4. a – 5. e – 6. d

Richtig schreiben

1.1
1. spät – 2. stimmt –3. Spaß – 4. Sport – 5. Straße – 6. Stuhl

1.2
1. Ich stehe auf. – 2. Ich habe Spätschicht. – 3. Ich spreche Spanisch. – 4. Ich spiele Tischtennis.

2
Mauricio ist Automechatroniker von Beruf. Er kontrolliert und repariert Autos. Er arbeitet von Montag bis Freitag von 7 bis 16 Uhr. (Die Arbeit beginnt um 7 Uhr. Mauricio hat um 16 Uhr Feierabend.) Er hat von 12 bis 13 Uhr Pause.

Alles klar?

1.1
1. einkaufen – 2. abholen – 3. aufstehen – 4. zumachen – 5. ausmachen – 6. anziehen

1.2
1. aufmachen – 2. ausziehen – 3. anmachen – 4. aufhören

2
1. Ich stehe spät auf. – 2. Ich räume die Küche auf. – 3. Ich rufe einen Freund an. – 4. Ich kaufe im Supermarkt ein. – 5. Ich bereite das Essen vor.

3

Beispiel: 1. *Wann* holt Latifa das Paket ab? Sie holt das Paket am Montag um 17 Uhr ab. – 2. *Von wann bis wann* arbeitet Latifa? Sie arbeitet am Dienstag von 8 bis 13:45 Uhr. – 3. Von wann bis wann lernt Latifa Deutsch? Sie lernt von Mittwoch bis Freitag von 9 bis 12:30 Uhr Deutsch. – 4. Wann putzt Latifa? Sie putzt am Samstag um 10 Uhr. – 5. Wann kauft Latifa ein? Sie kauft am Samstag um 16 Uhr ein.

Wichtige Wörter 3

1.1
1. aufstehen – 2. duschen – 3. zur Arbeit gehen – 4. telefonieren – 5. im Internet surfen – 6. kochen – 7. essen – 8. putzen – 9. aufräumen – 10. schwimmen – 11. Fahrrad fahren – 12. laufen – 13. Freunde treffen / mit Freunden sprechen – 14. einkaufen – 15. grillen – 16. ein Picknick machen – 17. einen Spaziergang machen – 18. Basketball spielen – 19. Tischtennis spielen – 20. lesen – 21. Musik hören – 22. einen Film sehen – 23. ins Bett gehen – 24. schlafen

1.3
1. die Küche putzen – 2. laufen – 3. einen Film sehen – 4. telefonieren

Prüfungstraining 3

1.1
Sie spielen gern <u>Fußball</u>. Sie haben am <u>Montagabend</u> oder am <u>Dienstagabend</u> Zeit

1.2
a ww.fv-fortuna.example.com

Und jetzt wie in der Prüfung!
1. b – 2. b – 3. b

2.1
1. b – 2. a – 3. c

2.2
c Um Viertel nach zwei.

Und jetzt wie in der Prüfung!
1. c – 2. b – 3. a – 4. b – 5. a

7 Essen

A, 1.1
1. *das* Brot – 2. das Hähnchen – 3. der Salat – 4. die Nudeln – 5. das Bier – 6. das Wasser

A, 1.2
1. falsch – 2. falsch – 3. richtig – 4. falsch

A, 1.3
1. *Isst du* gern Äpfel? – 2. Trinkt Lara gern Saft? – 3. Esst ihr oft Fisch?

A, 2.1
Reis mit Rindfleisch, Ei und Tomaten

A, 2.2
1. b – 2. d – 3. a – 4. f – 5. c – 6. e

A, 2.3
mögen: ich mag, *du* magst, *er/sie/es* mag, *wir* mögen, *ihr* mögt, *sie/Sie* mögen

A, 2.5
1. magst, mag – 2. mag – 3. Mögt – 4. mögen

A, 2.6
1. esst – 2. trinken – 3. Mögt – 4. mag, Isst – 5. mögen, trinken – 6. mögen, essen

A, Wiederholung
1. keinen – 2. keinen – 3. kein – 4. keine – 5. keine

B, 1.1
1. falsch – 2. richtig – 3. richtig – 4. richtig – 5. falsch

B, 1.2
Ei: 3 Stück – *Fleisch:* 0,6 kg – *Brot: 1,1 kg* – *Nudeln/Kartoffeln:* 1,6 kg – *Obst: 1,8 kg* – *Gemüse:* 2,1 kg

B, 1.3
Beispiel: Meine Schwester isst gerne Reis mit Rindfleisch. Sie isst nicht so gerne Hähnchen. Meine Mutter isst gern Nudeln mit Tomatensoße. Aber sie isst noch lieber Kartoffeln mit Gemüse.

B, 1.4
Beispiel: Ich komme aus der Türkei. – Man isst dort gern Kartoffeln mit Fleisch. – Ich esse gern Nudeln. – Ich esse noch lieber Pizza. – Ja, ich esse manchmal vegetarisch.

B, 2.1
Beispiel:
💬 Wie viel Liter Wein trinkt man in Deutschland?
💬 Man trinkt 20,1 Liter Wein im Jahr.

B, 2.2
Beispiel:
In Deutschland trinkt man gerne Wasser. *Man trinkt aber noch lieber* Kaffee.

B, 3.1
1. Kartoffeln – 2. Lammfleisch – 3. Käse – 4. Wasser – 5. Öl

B, 3.4
1. b – 2. b

B, 4
1. b – 2. a – 3. a – 4. b

C, 1.1
Beispiel: 1. Ich kaufe Pizza immer im Supermarkt. – 2. Ich kaufe einen Kaffee mit Milch (immer) am Kiosk. – 3. Ich kaufe Kartoffeln (immer) auf dem Markt. – 4. Ich kaufe Tomaten (immer) im Gemüseladen. – 5. Ich kaufe Brot (immer) in der Bäckerei.

C, 1.3
1. ohne – 2. mit – 3. ohne, mit

C, 2.1
1. falsch – 2. falsch – 3. richtig – 4. richtig

C, 2.2
möchte-: ich möchte, *du* möchtest, *er/sie/es* möchte, *wir* möchten, *ihr* möchtet, *sie/Sie* möchten

Lösungen

C, 2.3
1. Möchtest, möchte – 2. möchten, möchte, möchte – 3. Möchtet, möchten

C, 2.6
1. Was möchten Sie? – 2. Ich hätte gern – 3. Haben Sie noch einen Wunsch? – 4. Ja, ich möchte noch – 5. Bitte schön. Noch etwas? – 6. Das ist alles. – 7. Das macht dann

C, 3
Ich hätte gern vier Liter Milch, acht Flaschen Wasser, achtzig Gramm Salat, zwei Kilogramm Kartoffeln und ein Stück Käse, bitte.

Richtig schreiben

1.1
1. Essen – 2. lesen – 3. Tomaten – 4. Butter – 5. Teller – 6. Kilo – 7. schlafen – 8. Pfeffer

2
Beispiel: Hallo, Hamid. Toll! Ich trinke gern Saft. Alkohol trinke ich nicht. Ich esse gern Rindfleisch. Wurst mag ich nicht so gern. Ich mag Käse, aber noch lieber esse ich Ei. Ich esse nicht vegan!

Alles klar?

1.1
1. *die* Wurst – 2. die Kartoffeln – 3. der Pfeffer – 4. das/die Brötchen

1.2
1. Pfeffer – 2. Wurst – 3. Brötchen

2
1. Möchtest, mag – 2. Möchten, möchte – 3. Mögt, mögen – 4. möchtet, möchte – 5. Mag, mag

3
Beispiel: 1. Ich hätte gern ein Brötchen mit Ei/Käse/Wurst. – 2. Ja, ich möchte noch einen Kaffee/Tee. – 3. Mit Milch und Zucker, bitte. – 4. Nein danke, das ist alles.

8 Eine Party

A, 1.1
1. *das* Frühstück – 2. das Mittagessen – 3. das Abendessen

A, 1.2
1. Ahmad frühstückt um Viertel nach sieben. Er isst Brot mit Butter und ein Ei. (Er trinkt einen Kaffee.) – 2. Maria isst um ein Uhr zu Mittag. Sie isst einen Salat. – 3. Lex isst um sieben Uhr zu Abend. Er isst Nudeln.

A, 1.3
1. früh – 2. frühstücke – 3. pünktlich – 4. in der Kantine – 5. warm – 6. meistens

A, 1.4
1. b – 2. a – 3. a

A, 1.5
Beispiel: Ich frühstücke am Sonntag meistens um 10 Uhr. Ich esse gern Brötchen mit Käse. Ich esse auch gern Obst. Ich trinke immer einen Kaffee.

A, 2.1
1. richtig – 2. falsch – 3. falsche – 4. richtig – 5. falsch – 6. falsch

A, 2.2
1. die Fischsuppe – 2. der Apfelkuchen – 3. das Abendessen – 4. der Kartoffelsalat

A, 2.3
1. der Milchkaffee – 2. das Käsebrötchen – 3. der Obstkuchen – 4. die Nudelsuppe – 5. der Gemüsereis – 6. die Kaffeepause – 7. der Apfelsaft – 8. das Mittagessen

A, 2.4
Apfelkuchen – Käsekuchen – Gemüsekuchen – Kartoffelsuppe – Nudelsuppe – Fischsuppe

A, 2.6
1. Apfelkuchen? Nicht so gerne.
Magst du Käsekuchen?
Käsekuchen? Ja, lecker! –
2. Schau mal, die Kartoffelsuppe.
Ja, die Kartoffelsuppe sieht gut aus!
Die Nudelsuppe ist auch lecker.
Ich esse nicht so gerne Nudelsuppe.

A, 4
Beispiel: Ich esse meistens um 19 Uhr zu Abend. – Ich esse gerne Gemüsereis mit Rindfleisch. – Ich esse meistens mit der Familie, manchmal mit Freunden.

B, 1.1
richtig: 2 – 4

B, 1.2
können: ich kann, *du* kannst, *er/sie/es* kann, *wir* können, *ihr* könnt, *sie/Sie* können

B, 1.3
1. Kannst, kann – 2. können, Könnt – 3. können – 4. kann

B, 1.4
Beispiel: Ich kann Gläser mitbringen. – Du kannst das Essen bestellen. – Meine Schwester kann eine Suppe kochen. – Wir können Getränke mitbringen. – Ihr könnt eine Einladung schreiben. – Meine Freunde können die Küche aufräumen.

B, 1.5
1. Ja, ich kann die Einladung schreiben. – 2. Ja, wir können Gläser mitbringen. – 3. Ja, ich kann das Licht ausmachen. – 4. Ja, wir können heute kochen.

B, 2.1
1. d – 2. a – 3. c

B, 2.2
1. a – 2. b – 3. b – 4. a – 5. a

B, 3.1
1. *Musik:* Lizzy/Yagis – 2. *Tanz:* Yagis – 3. *Essen:* Lizzy/Yagis – 4. *Alkohol:* Yagis – 5. *Spiele:* Yagis

B, 3.2
1. richtig – 2. falsch – 3. falsch – 4. falsch – 5. richtig – 6. richtig

B, 3.3

1. für die Einladung – 2. leider nicht kommen – 3. Meine Eltern kommen – 4. Du weißt, – 5. keine Zeit – 6. Viele Grüße

B, 3.4

1. Liebe Lizzy und Yagis, – 2. vielen Dank für die Einladung! – 3. Ich komme gerne! – 4. Mein Freund Amir kommt auch. – 5. Wir können Cola und Saft mitbringen. – 6. Liebe Grüße und bis Sonntag! Ravi

C, 1.1

1. kochst – 2. schmeckt – 3. freut mich – 4. probierst – 5. esse – 6. nehme

C, 1.2

1. *Der, den* – 2. Das, das – 3. Die, die – 4. Die, die

C, 1.3

1. den – 2. das – 3. die – 4. das – 5. den – 6. die

C, Wiederholung

1. spricht – 2. esse, Isst – 3. sieht ... aus – 4. hilft

C, 2.1

nehmen: ich nehme, *du* nimmst, *er/sie/es* nimmt, *wir* nehmen, *ihr* nehmt, *sie/Sie* nehmen

C, 2.2

1. nehme, nimmst – 2. nehmen, Nehmt – 3. nehmen – 4. nehmen – 5. nimmt, nimmt

C, 3

1. a – 2. b – 3. a

Richtig schreiben

1

Obstkuchen – Kartoffelsuppe – Apfelkuchen – Kartoffelsuppe – Gemüsereis – Apfelsaft – Milchkaffee – Apfelsaft

2

Beispiel:
Liebe Familie,
ich organisiere eine Familienfeier und ich lade euch ein! Die Feier ist am Samstag um 18 Uhr in der Sonntagsstraße 18 in Bremen. Wir können zusammen essen, Musik hören und spielen. Ich organisiere die Musik und koche ein Gericht mit Fleisch und ein Gericht ohne Fleisch. Könnt ihr Getränke, Gläser und Spiele mitbringen? Kommt ihr? Könnt ihr bis Donnerstag antworten? Ich freue mich!
Liebe Grüße
Anna

Alles klar?

1

1. probieren – 2. antworten – 3. einladen – 4. organisieren – 5. schmecken

2

1. den – 2. Der – 3. den – 4. Der – 5. das – 6. Das – 7. Die – 8. die – 9. den – 10. den

3

Beispiel: 1. Liebe Malina, vielen Dank für die Einladung. Ich komme gerne. – 2. Ich esse sehr gerne Pizza mit Ananas und Käse. – 3. Ich kann Cola und Saft mitbringen. – 4. Ich kann auch einen Obstsalat machen. *Viele Grüße*

Wichtige Wörter 4

1.1

1. Äpfel – 2. Birnen – 3. Ananas – 4. Obst – 5. Paprika – 6. Tomaten – 7. Salat – 8. Gemüse – 9. Rindfleisch – 10. Schinken / Schweinefleisch – 11. Hähnchen / Hähnchenfleisch – 12. Fisch – 13. Kartoffeln – 14. Öl – 15. Salz – 16. Pfeffer – 17. Brot – 18. Brötchen – 19. Butter – 20. Eier – 21. Käse – 22. Wurst – 23. Joghurt – 24. Zucker – 25. Reis – 26. Nudeln – 27. Kuchen – 28. Milch – 29. Wasser – 30. Saft – 31. Bier – 32. Wein

1.3

1. Äpfel – 6. Tomaten – 8. Gemüse – 11. Hähnchen – 18. Brötchen – 25. Reis – 27. Kuchen – 30. Saft – 32. Wein

Prüfungstraining 4

1.1

a Kaffee mit Milch – b Kaffee mit Zucker – c Kaffee

1.2

b Kaffee mit Zucker

Und jetzt wie in der Prüfung!

1. a – 2. b

2.1

1. a – 2. b

2.2

1. a – 2. a

2.3

Beispiel Frühstück:
🔵 Was trinkst du gerne zum Frühstück?
🟢 Ich trinke gerne Kaffee und Saft.
Beispiel Kaffee:
🔵 Trinkst du gerne Kaffee mit Milch?
🟢 Nein, ich trinke lieber Kaffee ohne Milch, aber mit Zucker.

Und jetzt wie in der Prüfung!

Beispiel Thema 1:
🔵 Isst du gerne Fleisch?
🟢 Nein, ich esse kein Fleisch.
Beispiel Thema 2:
🔵 Ich mache am Samstag eine Party. Hast du Zeit?
🟢 Ja, ich habe Zeit. Ich komme gerne!

9 Termine

A, 1.1

1. die Post: Ich möchte ein Paket abgeben. – 2. die Agentur für Arbeit: Ich möchte einen Job finden. – 3. die Volkshochschule: Ich möchte einen Kurs machen. – 4. die Apotheke: Ich möchte Medikamente abholen. – 5. die Bank: Ich möchte Geld überweisen. – 6. das Bürgerbüro: Ich möchte eine Wohnung anmelden.

A, 1.2

Beispiel: Ich <u>möchte</u> ein Paket <u>abgeben</u>. – Ich <u>möchte</u> einen Job <u>finden</u>.

Lösungen

A, 1.3
1. ja – 2. ja – 3. nein – 4. nein

A, 2.1
1. einen Termin vereinbaren – 2. Geht es – 3. Tut mir leid – 4. möglich – 5. geschlossen – 6. Termine frei – 7. das geht – 8. Auf Wiederhören

A, Wiederholung
1. am, um – 2. am, Um – 3. von, bis, am – 4. am, am

A, 2.2
Ayala möchte am Samstag von 10 bis 12 Uhr Deutsch lernen. Sie möchte am Nachmittag die Küche putzen. Sie möchte um 19 Uhr mit Lena zu Abend essen. Ayala möchte am Sonntag von 8 bis 9 Uhr Sport machen. Sie möchte um 15 Uhr mit Paul Kaffee trinken. Sie möchte am Abend ihre Eltern anrufen.

A, 2.3
1. Man kann am Montag ab 7 Uhr einkaufen. – 2. Der Friseur hat bis 20 Uhr geöffnet. – 3. Man kann die Ärztin zwischen 9 und 12 Uhr anrufen.

A, 2.4
1. Bis wann hat der Supermarkt geöffnet? – 2. Ab wann hat Salon HAIRlich geöffnet? – 3. Wann kann man am Freitag die Ärztin anrufen?

A, 2.5
Beispiel: Guten Tag, ich möchte meine Wohnung anmelden. – Tut mir leid, das geht leider nicht. (Tut mir leid, ich habe am Dienstag keine Zeit.) Geht es auch am Mittwochnachmittag zwischen 14 und 17 Uhr? – Super! Ich komme dann um 15 Uhr.

B, 1.1
1. falsch – 2. richtig – 3. richtig – 4. falsch – 5. falsch

B, 1.2
müssen: ich muss, *du* musst, *er/sie/es* muss, *wir* müssen, *ihr* müsst, *sie/Sie* müssen

B, 1.3
1. muss – 2. muss – 3. musst – 4. müssen

B, 1.5
M<u>i</u>ttwoch – fr<u>ü</u>h – s<u>ie</u>ben – W<u>i</u>r – Term<u>i</u>n – <u>I</u>ch – tr<u>i</u>nke – M<u>i</u>lch – <u>i</u>sst – B<u>ü</u>rgerbüro – m<u>ü</u>ssen – p<u>ü</u>nktlich

B, 1.7
1. muss – 2. möchte – 3. möchte – 4. muss

B, 1.8
1. *Kolja* muss zum Arzt gehen. – 2. Patricia möchte keine Musik hören. – 3. Suri möchte nicht aufstehen. – 4. Moritz muss heute einkaufen.

B, 1.9
Beispiel: Ich muss heute Hausaufgaben machen. Ich möchte mit meiner Familie kochen.

B, 1.10
1. b – 2. d – 3. a

B, 2.1
1. richtig – 2. falsch – 3. richtig – 4. falsch – 5. richtig

B, 2.2
1. b – 2. d – 3. a – 4. c

B, 2.3
der Supermarkt – der Bäcker – die Post – das Kaufhaus – der Kiosk – der Friseur – die Bank

B, 2.4
1. Ich gehe zum Supermarkt. – 2. Ich gehe zur Post. – 3. Ich gehe zur Bank. – 4. Ich gehe zum Kiosk. – 5. Ich gehe zum Bäcker.

B, 3.1
17:30 – 18:30 Uhr Boxen

B, 3.2
1. tut mir leid – 2. da sein – 3. bis halb sieben trainieren – 4. um 19 Uhr kommen – 5. Geht das?

C, 1.1
1. Ich möchte sie sehen! – 2. Ich frage sie gleich. – 3. Ich frage ihn auch. – 4. Ich rufe dich an.

C, 1.2
ich – mich, du – dich, er – ihn, sie – sie, es – es, sie (Pl.) *– sie, Sie – Sie*

C, 1.3
1. c – 2. g – 3. b – 4. a – 5. f – 6. d – 7. e

C, 1.4
1. Miriam – 2. meine Schlüssel – 3. mein Stift – 4. Anton – 5. Oma und Opa – 6. meine Brille – 7. mein Buch

C, 1.5
1. Sie – 2. ihn – 3. ihn – 4. sie – 5. ihn – 6. sie – 7. es

C, 1.6
1. Frau Schön – 2. Max – 3. mein Rucksack – 4. Sandra – 5. dein Pass – 6. Leni und Olga – 7. das Paket

C, 2.1
2 – 1 – 4 – 6 – 3 – 5

C, 2.2
Beispiel: Hallo, Adem! Danke für die Einladung. Ich komme gerne. Ich kann Getränke mitbringen. Bis Samstag! Liebe Grüße …

C, 3
Beispiel:
💬 Möchtest du heute Abend einen Film sehen?
💬 Ja, gerne! Um 20 Uhr?

Richtig schreiben

1.1
💬 Möchtest du am D<u>i</u>enstag Mus<u>i</u>k machen?
💬 D<u>i</u>e <u>I</u>dee <u>i</u>st schön, aber <u>i</u>ch habe le<u>i</u>der ke<u>i</u>ne Ze<u>i</u>t. <u>I</u>ch habe am D<u>i</u>enstagnachm<u>i</u>ttag e<u>i</u>nen Term<u>i</u>n und <u>i</u>ch treffe am Abend me<u>i</u>ne Cous<u>i</u>ne.
💬 Was macht <u>i</u>hr?
💬 W<u>i</u>r sp<u>i</u>elen Karten. Das macht Spaß! Möchtest du m<u>i</u>tkommen?
💬 <u>I</u>ch we<u>i</u>ß n<u>i</u>cht. <u>I</u>ch glaube, <u>i</u>ch mache l<u>i</u>eber Mus<u>i</u>k!

1.2
1. <u>i</u>hr, v<u>ie</u>r – 2. organ<u>i</u>sieren, D<u>i</u>enstag – 3. s<u>ie</u>, n<u>i</u>cht – 4. Term<u>i</u>n, Berl<u>i</u>n

2
Beispiel: Hallo, Masuda! Danke für die Einladung! Ich komme gerne. Ich habe am Donnerstag und am Freitag keine Zeit. Ich muss am Donnerstag von

18 bis 24 Uhr arbeiten und ich spiele am Freitag von 19 bis 21:30 Uhr Fußball. Ich habe aber am Samstagabend Zeit! Liebe Grüße ...

Alles klar?

1
1. Apotheke – 2. Termin – 3. anmelden – 4. Post – 5. mitkommen

2.1
1. ab – 2. bis – 3. zwischen

2.2
1. mich – 2. ihn – 3. dich – 4. sie

3
1. einen Termin vereinbaren. – 2. am Montag zwischen 16 und 18 Uhr? – 3. das geht leider nicht. (Am Freitag habe ich keine Zeit.) – 4. am Samstag ab 10 Uhr möglich? – 5. bis Samstag! (bis dann!) Auf Wiederhören!

10 Mit Bus und Bahn

A, 1.1
1. das Flugzeug – 2. der Zug – 3. die S-Bahn – 4. der Bus – 5. die Straßenbahn

A, Wiederholung
1. zum – 2. zum – 3. zur

A, 1.2
1. zur Apotheke – 2. zum Supermarkt – 3. zur Arbeit – 4. zum Deutschkurs – 5. zum Friseur – 6. zum Bahnhof

A, 1.3
1. Max fährt mit dem Bus. – 2. Max fährt mit dem Fahrrad. – 3. Max fährt mit der Straßenbahn. – 4. Max fährt mit dem Taxi. – 5. Max fährt mit der U-Bahn.

A, 1.4
1. mit der, mit dem – 2. mit dem, mit der – 3. mit den ...n

A, 1.6
mit dem Fahrrad – mit der U-Bahn – mit der S-Bahn – mit dem Zug – mit der Straßenbahn – mit dem Taxi – zu Fuß

A, 1.8
Beispiel: Ich nehme manchmal das Auto. Das ist bequem, aber teuer und schlecht für die Umwelt.

A, 2.1
1. Anna, in der Apotheke, mit dem Auto, zur Bank, 40 Minuten – 2. Ekki, bei Lisa, mit dem Fahrrad, zu Hans, zwei Stunden – 3. Andreas, beim Arzt, mit dem Bus, zum Büro, 45 Minuten – 4. Emma, im Supermarkt, mit der U-Bahn, zum Deutschkurs, 20 Minuten – 5. Shervin, in Berlin, mit dem Zug, nach Hause, sechs Stunden

A, 2.2
1. *in der* – 2. bei – 3. beim – 4. im – 5. in

A, 2.3
1. *in der* – 2. bei – 3. im – 4. im – 5. im

A, 2.4
Ich habe dann von 9 bis 11 Uhr einen Kurs in der Volkshochschule. Ich kaufe um 13 Uhr im Supermarkt ein. Ich habe um Viertel nach zwei einen Termin beim Friseur. Ich treffe Carlos um 15 Uhr im Café. Ich esse um 19 Uhr bei Carlos zu Abend.

A, 2.5
Beispiel: Ich wohne in ... – Ich mache den Deutschkurs in ... – Ich fahre immer mit dem Fahrrad zum Deutschkurs. – Das dauert 30 Minuten.

B, 1.1
1. zuerst – 2. Richtung – 3. Station – 4. umsteigen – 5. Dann – 6. Richtung – 7. aussteigen

B, 1.2
Markieren: S1 Rudistr. bis Hauptbahnhof, U4 Hauptbahnhof bis Nollendorfplatz

B, 1.3
1 – 4 – 2 – 3 – 5

B, 2.1
1. *Um 13 Uhr fährt Lea zum Bahnhof.* – 2. Dort holt sie ihre Schwester ab. – 3. Dann fährt sie zur Volkshochschule. – 4. Dort macht sie einen Spanischkurs.

B, 2.2
1. *Um 13 Uhr fährt Lea zum Bahnhof.* – 2. Dort holt sie ihre Schwester ab. – 3. Dann fährt sie zur Volkshochschule. – 4. Dort macht sie einen Spanischkurs.

B, 2.3
1. *Ich mache jeden Tag einen Spaziergang. Jeden Tag mache ich einen Spaziergang.* – 2. Ich habe von 10 bis 12 Uhr einen Deutschkurs. Von 10 bis 12 Uhr habe ich einen Deutschkurs. – 3. Ich besuche manchmal Freunde. Manchmal besuche ich Freunde. – 4. Ich koche um 18 Uhr das Abendessen. Um 18 Uhr koche ich das Abendessen. – 5. Ich sehe am Abend einen Film. Am Abend sehe ich einen Film. – 6. Ich rufe heute Abend meine Eltern an. Heute Abend rufe ich meine Eltern an.

B, 2.4
Beispiel:
🔵 Ich arbeite am Wochenende.
🟢 Am Wochenende arbeitest du.
🔵 Ich lese jetzt ein Buch.
🟢 Jetzt liest du ein Buch.

B, 3.1
1. b – 2. b – 3. a – 4. b

B, 3.2
1. billig – 2. online – 3. schnell – 4. einfach – 5. nah – 6. direkt – 7. praktisch – 8. bequem

C, 1.1
1. *Schild 1 bedeutet: Man darf hier* nicht schwimmen. – 2. Schild 2 bedeutet: Man darf hier keinen Alkohol trinken und man darf hier nicht rauchen. – 3. Schild 3 bedeutet: Man darf hier nicht rauchen und man darf hier nicht telefonieren. Man darf leise sprechen. – 4. Schild 4 bedeutet: Man darf hier Fahrrad fahren.

Lösungen

C, 1.2
richtig: 1 – 2

C, 1.3
dürfen: ich darf, *du* darfst, *er/sie/es* darf, *wir* dürfen, *ihr* dürft, *sie/Sie* dürfen

C, 1.4
1 dürft – 2 darfst – 3 dürfen – 4 darf

C, 2.1
richtig: 2 – 3 – 5

C, 2.2
1. Luisa muss immer um 22 Uhr zu Hause sein. – 4. Goran findet das Verbot richtig. – 6. Emma findet die Regel komisch.

C, 2.3
Beispiel: 1. Man darf im Park keinen Fußball spielen. Das finde ich nicht richtig. – 2. Man darf im Zug keine Musik hören. Das finde ich komisch. – 3. Man darf im Bus kein Eis essen. Das finde ich richtig. – 4. Man darf auf dem Spielplatz nicht fotografieren. Das finde ich richtig.

C, 3
Beispiel: Man darf im Unterricht Kaffee trinken. – Man darf im Unterricht nicht essen. Man muss im Unterricht Hausaufgaben machen. – Man muss im Unterricht pünktlich sein. – Man darf im Unterricht nicht telefonieren. – Man darf im Unterricht nicht im Internet surfen.

Richtig schreiben

1.1
Hi, Hamed! Ich komme ein bisschen später. Ich muss zuerst etwas essen!
Ich auch! Essen wir zusammen? Ich kenne ein Restaurant in der Florastraße.
Ja, gerne! Wie heißt das Restaurant?
Ich weiß nicht. Aber die Adresse ist: Florastraße 18. Es ist nicht weit.
Das ist praktisch! Dann komme ich zu Fuß!
Oh, ich sehe online: Das Restaurant ist heute geschlossen … Was jetzt?

1.2
1. Fußball – 2. schließen – 3. Wasser – 4. groß – 5. vergessen – 6. Pass

2
Beispiel: Hallo, Julian! Zuerst fährst du mit der U1 Richtung Bismarckstraße. Du fährst bis zum Alexanderplatz. Dort steigst du um. Dann fährst du mit der U2 Richtung Friedrichstraße. Dort steigst du aus. Es ist nicht weit. Es dauert nur 19 Minuten.

Alles klar?

1
1. Stunde – 2. Umwelt – 3. umsteigen – 4. erlaubt – 5. Verbot

2
1. *mit dem*, mit der – 2. beim, in der – 3. bei der, in – 4. im, beim – 5. mit den

3
1. fährst du, Richtung – 2. bis zum, steigst du um – 3. fährst du mit der, Richtung – 4. bis zur Station – 5. steigst du aus

Wichtige Wörter 5

1.1
1. die Agentur für Arbeit – 2. die Bank – 3. das Bürgerbüro – 4. die Apotheke – 5. die Post – 6. die Volkshochschule – 7. der Bahnhof – 8. der Bäcker – 9. der Supermarkt – 10. der Zug – 11. die S-Bahn – 12. die Straßenbahn – 13. die U-Bahn – 14. der Bus – 15. das Taxi – 16. das Auto – 17. das Fahrrad – 18. zu Fuß

1.3
Beispiel: Wir möchten Deutsch lernen. Wir gehen zur Volkshochschule. – Wir müssen einkaufen. Wir gehen zum Supermarkt. – Wir möchten Brötchen kaufen. Wir gehen zum Bäcker.

1.4
Beispiel:
💬 Wir möchten Deutsch lernen. Wohin gehen wir?
💬 Ihr geht zur Volkshochschule!

2.2
Beispiel:
💬 Fährst du oft mit dem Zug?
💬 Ich fahre manchmal mit dem Zug zu Freunden.

Prüfungstraining 5

1.1
1. ein Kilo Äpfel, heute, 2 Euro – 2. Anton, Problem – 3. Supermarkt, öffnen, 7 Uhr

1.2
1. falsch – 2. richtig – 3. falsch

Und jetzt wie in der Prüfung!
1. richtig – 2. richtig – 3. falsch – 4. falsch

2.1
Es ist 15:30 Uhr am Dienstag. Sie können mit der Ärztin sprechen.

2.2
Arztpraxis Dr. Sarah Khalil
Sprechstunde:
Mo – Fr 9:00 – 12:30 Uhr
Mo, Di, Do 15:00 – 18:00 Uhr

2.3
richtig

Und jetzt wie in der Prüfung!
1. richtig – 2. falsch – 3. richtig – 4. falsch

Quellen

Cover: Cornelsen/Rosendahl Berlin/Daniel Meyer; **U2** (Badge AppleStore): Apple Inc.,IP & Licensing; (Badge Google App): Google Ireland ltd.; **S. 2** (Mitte links): Shutterstock.com/Olena Yakobchuk; (Mitte rechts): Shutterstock.com/AJR_photo; (Taxi): Shutterstock.com/Rainbow Black; (Geldbeutel): Shutterstock.com/Rainbow Black; (unten): Cornelsen, Käse: Shutterstock.com/Hein Nouwens; Preisschild: Shutterstock.com/Free Production; **S. 5** (Mitte): Shutterstock.com/vectorfusionart; (Milena): Shutterstock.com/Rido; (Dilan): Shutterstock.com/FotoAndalucia; **S. 6** (Adar): Shutterstock.com/Damir Khabirov; (Timo): Shutterstock.com/Cookie Studio; (Enisa): Shutterstock.com/Krakenimages.com; (Nava): Shutterstock.com/Dragana Gordic; **S. 7** (1): Shutterstock.com/Production Perig; (2): Shutterstock.com/antoniodiaz; (A): Shutterstock.com/Production Perig; (B): Shutterstock.com/antoniodiaz; **S. 8** (Erik u. Nanda): Shutterstock.com/Mila Supinskaya Glashchenko; **S. 9**: Shutterstock.com/dotshock; **S. 10** (1.1 1): Shutterstock.com/Antonio Guillem; (1.1 2): Shutterstock.com/tommaso79; (1.2 1): Shutterstock.com/Dusan Petkovic; (1.2 2): Shutterstock.com/Drazen Zigic; (1.2 3): Shutterstock.com/Mangostar; (1.2 4): Shutterstock.com/Rido; **S. 11** (A): Shutterstock.com/wavebreakmedia; (B): Shutterstock.com/imtmphoto; (C): Shutterstock.com/GaudiLab; (Smileys): Shutterstock.com/Katarinanh; **S. 12**: Shutterstock.com/madtom; **S. 13** (Rasha): Shutterstock.com/Rido; (Alexander): Shutterstock.com/Rido; **S. 15** (1): stock.adobe.com/© Robert Kneschke; (2): stock.adobe.com/(c) Kzenon/Kzenon; (3): Shutterstock.com/John Roman Images; (4): Shutterstock.com/Pixel-Shot; (Kasia): Shutterstock.com/blvdone; (Ahmed): Shutterstock.com/blvdone; (Mitte rechts): Shutterstock.com/Gelpi; (Mitte links): Shutterstock.com/leungchopan; **S. 16** (A): Shutterstock.com/Iakov Filimonov; (B): stock.adobe.com/Pixel-Shot; **S. 17**: Shutterstock.com/mostcome124; **S. 18** (1): Shutterstock.com/Syda Productions; (2): Shutterstock.com/Eugene Onischenko; (3): Shutterstock.com/Ljupco Smokovski; (4): Shutterstock.com/Dean Drobot; (5): Shutterstock.com/Luis Molinero; (Mitte rechts): Shutterstock.com/Dragon Images; **S. 20**: Shutterstock.com/Robert Kneschke; **S. 21**: Shutterstock.com/ales74; **S. 22**: Shutterstock.com; **S. 23**: Shutterstock.com/Maridav; **S. 24** (1): Shutterstock.com/VGstockstudio; (2): Shutterstock.com/Stock Up; (3): Shutterstock.com/Andrey_Popov; **S. 25** (4): Shutterstock.com/wewi-photography; (5): Shutterstock.com/travelview; (6): Shutterstock.com/Wondervisuals; (7): Shutterstock.com/anweber; (8): Shutterstock.com/ouh_desire; (9): Shutterstock.com/PIXA; (unten rechts): Cornelsen/SPI Technologies India; **S. 28** (1): Shutterstock.com/nuu_jeed; (2): Shutterstock.com/Peshkova; (3): stock.adobe.com/UnitedPhotoStudio; (4): Shutterstock.com/Ljupco Smokovski; (5): Shutterstock.com/Africa Studio; (6): Shutterstock.com/PandaStudio; (7): Shutterstock.com/Tortoon; (8): Shutterstock.com/Nenad Aksic; **S. 29** (9): Shutterstock.com/Yuganov Konstantin; (10): Shutterstock.com/AssiaPix; (11): Shutterstock.com/Olha Povozniuk; (12): Shutterstock.com/New Africa; (Stuhl): Shutterstock.com/EnmaAi; **S. 30** (1 oben): Shutterstock.com/Marina Andrejchenko; (2 oben): Shutterstock.com/nimito; (3 oben): Shutterstock.com/Mangostar; (1): stock.adobe.com/Igor Savenchuk; (2): stock.adobe.com/Foton; (3): Shutterstock.com/Funny Solution Studio; (4): Shutterstock.com/Shtefany; (5): Shutterstock.com/Room27; (6): Shutterstock.com/Dima Moroz; (7): Shutterstock.com/Jekatarinka; (8): Shutterstock.com/Preartiq; (Stift): stock.adobe.com/Schlierner; **S. 31** (1): Shutterstock.com/diy13; (2): Shutterstock.com/Elena Dijour; (3): Shutterstock.com/Phijak; (4): Shutterstock.com/vipman; (5): Shutterstock.com/Serghei Starus; **S. 32** (Lea): Shutterstock.com/Volodymyr TVERDOKHLIB; (Emojis): Shutterstock.com/Carboxylase; **S. 33** (1): Shutterstock.com/3DPhoto; (2): Shutterstock.com/kseniya_tretyakova; (3): Shutterstock.com/Pixel-Shot; (4): Shutterstock.com/Seva_blsv; (5): Shutterstock.com/S_Photo; (Buchregal): Shutterstock.com/charl898; (Tasche): Shutterstock.com/ilikestudio; (Katze): Shutterstock.com/Vitaly Titov; (Oumar): Cornelsen, Person: Shutterstock.com/Damir Khabirov, Foto auf Smartphone: Shutterstock.com/iordani; **S. 35**: Shutterstock.com/neftali; **S. 36** (1): Shutterstock.com/Nestor Rizhniak; (2): Shutterstock.com/Flamingo Images; (3): Shutterstock.com/Lipik Stock Media; **S. 37** (Kühlschrank): Shutterstock.com/rawf8; (Buch): Shutterstock.com/travelfoto; (Sessel): Shutterstock.com/Pixel-Shot; (Tasche): Shutterstock.com/Pix Factory; **S. 37** (Waschmaschine): Shutterstock.com/AmaPhoto; **S. 38**: Cornelsen, Foto: Shutterstock.com/wavebreakmedia; **S. 39**: Cornelsen, Mann im Hintergrund: Shutterstock.com/Syda Productions, Foto im Vordergrund: Shutterstock.com/William Perugini; **S. 40** (Mitte links): Shutterstock.com/Olena Yakobchuk; **S. 41** (Sascha u. Marina): Shutterstock.com/Borisoff; (Sunil): Shutterstock.com/F8 studio; (Ana): Shutterstock.com/Red Stock; **S. 42**: Shutterstock.com/F8 studio; **S. 45** (Mia): Shutterstock.com/Nadino; (Len): Shutterstock.com/FabrikaSimf; (unten links): Cornelsen, Fotorahmen: Shutterstock.com/Chinch, Foto: Shutterstock.com/Monkey Business Images; **S. 46**: Shutterstock.com/AJR_photo; **S. 47**: Shutterstock.com/AlenD; **S. 48** (1): Shutterstock.com/DR-images; (2): Shutterstock.com/Daniilantiq; (3): Shutterstock.com/MA8; (4): Shutterstock.com/7th Son Studio; (5): Shutterstock.com/Adam Fraise; (6): Shutterstock.com/Andrew Mayovskyy; (7): Shutterstock.com/Petair; (8): Shutterstock.com/Ljupco Smokovski; (9): Shutterstock.com/Summer Photographer; (10): Shutterstock.com/Protasov AN; (11): Shutterstock.com/Ebtikar; (12): Shutterstock.com/Bjoern Wylezich; **S. 49** (13): Shutterstock.com/5 second Studio; (14): Shutterstock.com/Luisa Leal Photography; (15): Shutterstock.com/Maxx-Studio; (16): Shutterstock.com/Studio Light and Shade; (17): Shutterstock.com/Tarzhanova; (18): Shutterstock.com/Sergiy Kuzmin; (19): Shutterstock.com/MicroOne; (20): Shutterstock.com/Viktorija Reuta; (21): Shutterstock.com/xiaorui; (22): Shutterstock.com/Andrey_Popov; (23): Shutterstock.com/AmaPhoto; (24): Shutterstock.com/RTimages; (unten rechts): Shutterstock.com/Jeni Rodger; **S. 52** (1): Shutterstock.com/George Rudy; (2): Shutterstock.com/LightField Studios; (3): Shutterstock.com/Rido; (4): stock.adobe.com/reichdernatur; (5): stock.adobe.com/Pictures4you; **S. 53** (Tamara): Shutterstock.com/fizkes; (Eric): Shutterstock.com/fizkes; **S. 54** (Emojis): Shutterstock.com/Carboxylase; **S. 56** (1): Shutterstock.com/lukmanhakim; (2): Shutterstock.com/Arcady; (3): Shutterstock.com/AAVAA; (4): Shutterstock.com/Makkuro GL; (5): Shutterstock.com/popicon; (6): Shutterstock.com/CosmoVector; (7): Shutterstock.com/squarelogo; (8): Shutterstock.com/vector toon; **S. 57** (1): Shutterstock.com/LMPphoto; (2): Shutterstock.com/Pond Saksit; (3): stock.adobe.com/Pink Badger/Pink; (4): Stadt Wuppertal; (5): stock.adobe.com/Mr. Music/Mr.; (6): Shutterstock.com/Andrey Armyagov; **S. 60** (Emojis): Shutterstock.com/Carboxylase; **S. 62** (Uhren): Shutterstock.com/Maxim Vigilev; **S. 63** (1): Shutterstock.com/Brian A Jackson; (2): Shutterstock.com/Stocker plus; (3): Shutterstock.com/ZhakYaroslav; (4): Deutsche Bahn AG / Axel Hartmann; (Mitte): Shutterstock.com/MimaCZ; (Uhrzeiten): Shutterstock.com/Maxim Vigilev; **S. 64**: Shutterstock.com/Krakenimages.com; **S. 65** (1): Shutterstock.com/ViDI Studio; (2): Shutterstock.com/Dragon Images; (3): Shutterstock.com/Prostock-studio; (4): Shutterstock.com/Anna Jurkovska; (5): Shutterstock.com/Roman Samborskyi; (6): Shutterstock.com/nimito; **S. 68**: Shutterstock.com/SeventyFour; **S. 69** (Uhrzeiten): Shutterstock.com/Aleksandr Bryliaev; **S. 70**: Shutterstock.com/pikselstock; **S. 72** (1): Shutterstock.com/Nattakorn_Maneerat; (2): Shutterstock.com/Grigvovan; (3): Shutterstock.com/Monkey Business Images; (4):

Quellen

Shutterstock.com/Roman Samborskyi; (5): Shutterstock.com/Gorodenkoff; (6): Shutterstock.com/Jack Frog; (7): Shutterstock.com/Monkey Business Images; (8): Shutterstock.com/Budimir Jevtic; (9): Shutterstock.com/Roman Samborskyi; (10): Shutterstock.com/CroMary; (11): Shutterstock.com/Jacob Lund; (12): Shutterstock.com/CandyBox Images; **S. 73** (13): Shutterstock.com/adriaticfoto; (14): Shutterstock.com/Rido; (15): Shutterstock.com/Ivanko80; (16): Shutterstock.com/oneinchpunch; (17): Shutterstock.com/Jacek Chabraszewski; (18): Shutterstock.com/Raul Mellado Ortiz; (19): Shutterstock.com/mimagephotography; (20): Shutterstock.com/Syda Productions; (21): Shutterstock.com/Dejan Dundjerski; (22): Shutterstock.com/Minerva Studio; (23): Shutterstock.com/TommyStockProjcct; (24): Shutterstock.com/engagestock; **S. 76** (1–6): Shutterstock.com/artnLera; **S. 77** (Tugay): Shutterstock.com/2j architecture; (Ling): Shutterstock.com/Luis Molinero; **S. 78** (Emojis): Shutterstock.com/stockmatic; **S. 81** (1): Cornelsen, Salat: Shutterstock.com/iconim, Preisschild: Shutterstock.com/Free Production; (2): Cornelsen, Fleisch: Shutterstock.com/In-Finity, Preisschild: Shutterstock.com/Free Production; **S. 82** (1): Shutterstock.com/stockcreations; (2): Shutterstock.com/Room98; (3): Shutterstock.com/Kaiskynet Studio; (4): Shutterstock.com/New Africa; (5): Shutterstock.com/anitasstudio; **S. 83** (Emojis): Shutterstock.com/stockmatic; **S. 85**: Shutterstock.com/Pixelbliss; **S. 86** (1): Cornelsen, Uhr: Shutterstock.com/ gomolach; Hintergrund: Shutterstock.com/ Ivan Kruk; (2): Cornelsen, Uhr: Shutterstock.com/gomolach; Hintergrund: Shutterstock.com/Marian Weyo; (3): Cornelsen, Uhr: Shutterstock.com/ gomolach; Hintergrund: Shutterstock.com/ Africa Studio; **S. 87** (Jana): Shutterstock.com/Altrendo Images; (Fam. Karat): Shutterstock.com/ESB Professional; **S. 89** (Emojis): Shutterstock.com/Lena Pronne; **S. 91**: Shutterstock.com/Leszek Glasner; **S. 92**: Shutterstock.com/Antonio Guillem; **S. 93**: Shutterstock.com/wavebreakmedia; **S. 94**: Shutterstock.com/Yganko; **S. 96** (1): Shutterstock.com/Nataly Studio; (2): Shutterstock.com/Belokoni Dmitri; (3): Shutterstock.com/Valentina Proskurina; **S. 96** (4): Shutterstock.com/Karramba Production; (5): Shutterstock.com/kriangsak unsorn; (6): Shutterstock.com/masa44; (7): Shutterstock.com/Blan-k; (8): Shutterstock.com/photobeps; (9): Shutterstock.com/MaraZe; (10): Shutterstock.com/jurasy; (11): Shutterstock.com/Africa Studio; (12): Shutterstock.com/Pixel-Shot; (13): Shutterstock.com/Pineapple studio; (14): Shutterstock.com/addkm; (15+16): Shutterstock.com/Elena Elisseeva; **S. 97** (17): Shutterstock.com/simm49; (18): Shutterstock.com/Misses Jones; (19): Shutterstock.com/Alexander Dashewsky; (20): Shutterstock.com/virtu studio; (21): Shutterstock.com/GSDesign; (22): Shutterstock.com/GSDesign; (23): Shutterstock.com/Moving Moment; (24): Shutterstock.com/Seregam; (25): Shutterstock.com/pukao; (26): Shutterstock.com/MaraZe; (27): Shutterstock.com/unpict; (28): Shutterstock.com/NIPAPORN PANYACHAROEN; (29): Shutterstock.com/Tarasyuk Igor; (30): Shutterstock.com/Photoongraphy; (31): Shutterstock.com/Pixel-Shot; (32): Shutterstock.com/Mariyana M; **S. 98** (oben Mitte): Cornelsen, Kaffee: Shutterstock.com/RedKoala, Löffel: Shutterstock.com/MODS; (oben links): Cornelsen, Kaffee und Wolke: Shutterstock.com/RedKoala; (oben rechts): Shutterstock.com/RedKoala; (Mitte a–c): Cornelsen, Käse: Shutterstock.com/Hein Nouwens, Preisschild: Shutterstock.com/Free Production; (unten a–c): Cornelsen, Getränk und Salat: Shutterstock.com/cheesekerbs, Preisschild: Shutterstock.com/Free Production; **S. 101**: Shutterstock.com/Prostokvashino; **S. 102** (1): Shutterstock.com/Vector Maniac; (2): Shutterstock.com/Wiktoria Matynia; (Post-it): Shutterstock.com/Kindlena; **S. 103** (Emoji): Shutterstock.com/ya_blue_ko; **S. 104** (1): Shutterstock.com/Elnur; (2): Shutterstock.com/HBRH; (3): Shutterstock.com/ldutko; (4): Shutterstock.com/Media Lens King; **S. 106**: Shutterstock.com/AlessandroBiascioli; **S. 108** (1): Shutterstock.com/Christine Glade; (2): Shutterstock.com/Africa Studio; (3): Shutterstock.com/Flamingo Images; (4): Shutterstock.com/mimagephotography; (5): Shutterstock.com/Rido; **S. 109**: Shutterstock.com/Kindlena; **S. 110** (1): Shutterstock.com/iurii; (2): Deutsche Bahn AG / Claus Weber; (3): Deutsche Bahn AG / Volker Emersleben; (4): Shutterstock.com/WR7; (5): Shutterstock.com/Gts; **S. 111** (1): stock.adobe.com/Flaviu Boerescu/Flaviu; (2): Shutterstock.com/Syda Productions; (3): Shutterstock.com/Mickis-Fotowelt; (4): Shutterstock.com/Scharfsinn; **S. 112** (Auto): Shutterstock.com/VGstockstudio; (Fahrrad): Shutterstock.com/ddisq; **S. 114** (Fernsehturm): Shutterstock.com/Matthew Dixon; (U-Bahn Plan): stock.adobe.com/maximmmmum; **S. 117** (1): Shutterstock.com/Bela Zamsha; (2): Shutterstock.com/Myskina6; (3): Deutsche Bahn AG / Oliver Lang; (4): Shutterstock.com/ANGHI; (Mitte rechts): Shutterstock.com/Galexia; **S. 118** (1): Shutterstock.com/astudio; (2): Shutterstock.com/Standard Studio; (3): Shutterstock.com/TotemArt; (4): Shutterstock.com/Siberian Photographer; (unten): Cornelsen, Uhr-Icon: Shutterstock.com/Jame achonlanai, Transfer: Shutterstock.com/Pixelicious.id, Münzen-Icon: Shutterstock.com/davooda; **S. 119**: stock.adobe.com/maximmmmum; **S. 120** (1): Shutterstock.com/nitpicker; (2): Shutterstock.com/Zolnierek; (3): stock.adobe.com/Animaflora PicsStock/Animaflora; (7): Deutsche Bahn AG /Bartlomiej Banaszak; (8): Shutterstock.com/RossHelen; (9): Shutterstock.com/Aleksandar Malivuk; (Zettel): Shutterstock.com/photastic; (Pfeile): Shutterstock.com/Oleh Markov; **S. 121** (10): Deutsche Bahn AG / Wolfgang Klee; (11): Deutsche Bahn AG / Volker Emersleben; (12): Shutterstock.com/Mickis-Fotowelt; (13): Stadtwerke Verkehrsgesellschaft Frankfurt am Main mbH (VGF); (14): Shutterstock.com/WR7; (15): Shutterstock.com/Scharfsinn; (16): Shutterstock.com/Giovanni Love; (17): Shutterstock.com/Ollyy; (18): Shutterstock.com/ChiccoDodiFC; (unten): Shutterstock.com/Rainbow Black; **U3** (alle): Cornelsen

Treffpunkt

Deutsch als Zweitsprache für Alltag und Beruf

Übungsbuch A1.1

Im Auftrag des Verlages erarbeitet von: Annette Buchholz, Julia Herzberger, Friederike Jin, Anne Planz und Martina Schäfer
Interaktive Übungen zu „Alles klar?": Katerina Chrástová

In Zusammenarbeit mit der Redaktion: Julia Schulte, Jacolien de Vries
Redaktionelle Mitarbeit: Johanna Burkhardt, Anne Planz
Redaktionsleitung: Gertrud Deutz
Umschlaggestaltung und Layoutkonzept: Rosendahl Berlin, Agentur für Markendesign
Umschlagfoto: Daniel Meyer, Hamburg
Technische Umsetzung: Straive, Indien
Illustrationen: Sylvia Wolf, Tanja Székessy (S. 29 und 53)

Soweit in diesem Lehrwerk Personen fotografisch abgebildet sind und ihnen von der Redaktion fiktive Namen, Berufe, Dialoge und Ähnliches zugeordnet oder diese Personen in bestimmte Kontexte gesetzt werden, dienen diese Zuordnungen und Darstellungen ausschließlich der Veranschaulichung und dem besseren Verständnis des Inhalts.

www.cornelsen.de

Die Webseiten Dritter, deren Internetadressen in diesem Lehrwerk angegeben sind, wurden teilweise von Cornelsen mit fiktiven Inhalten zur Veranschaulichung und/oder Illustration von Aufgabenstellungen und Inhalten erstellt. Alle anderen Webseiten wurden vor Drucklegung sorgfältig geprüft. Der Verlag übernimmt keine Gewähr für die Aktualität und den Inhalt dieser Seiten oder solcher, die mit ihnen verlinkt sind.

1. Auflage, 1. Druck 2022

Alle Drucke dieser Auflage sind inhaltlich unverändert und können im Unterricht nebeneinander verwendet werden.

© 2022 Cornelsen Verlag GmbH, Berlin

Das Werk und seine Teile sind urheberrechtlich geschützt. Jede Nutzung in anderen als den gesetzlich zugelassenen Fällen bedarf der vorherigen schriftlichen Einwilligung des Verlages.
Hinweis zu §§ 60 a, 60 b UrhG: Weder das Werk noch seine Teile dürfen ohne eine solche Einwilligung an Schulen oder in Unterrichts- und Lehrmedien (§ 60 b Abs. 3 UrhG) vervielfältigt, insbesondere kopiert oder eingescannt, verbreitet oder in ein Netzwerk eingestellt oder sonst öffentlich zugänglich gemacht oder wiedergegeben werden. Dies gilt auch für Intranets von Schulen.

Druck: Mohn Media Mohndruck, Gütersloh

ISBN: 978-3-06-121291-9
ISBN: 978-3-06-122561-2 (E-Book)

PEFC zertifiziert
Dieses Produkt stammt aus nachhaltig bewirtschafteten Wäldern und kontrollierten Quellen.

www.pefc.de

Grammatik lernen leicht gemacht
... mit Grammatik aktiv

Übungsgrammatik mit
- einfachen Erklärungen
- anschaulichen Videos
- vielen abwechslungsreichen Übungen
- Hör- und Sprechübungen

Grammatik aktiv
Übungsgrammatik mit
PagePlayer-App A1–B1
Deutsch als Fremdsprache
Verstehen, Üben, Sprechen
2. aktualisierte Ausgabe
ISBN 978-3-06-122964-1

Mehr Infos finden Sie unter
www.cornelsen.de/daf